高等学校会计专业实验教材

GAODENG XUEXIAO KUAIJI ZHUANYE SHIYAN JIAOCAI

丛书主

会计综合业务模拟实验教程（第3版）

主　编　周兴荣　李　芊
副主编　李　晔　张　莉
主　审　黄盛兰
参　编　白云霞　魏　玮　许平彩　高春荣

重庆大学出版社

内容提要

本书共分3篇，理论部分系统地介绍了会计模拟实验组织方法和考核要点，实践部分将模拟实验业务分为会计岗位模拟实验和会计综合业务模拟实验两大模块。其中，会计岗位模拟实验包括出纳岗位模拟实验、存货会计岗位模拟实验、税务会计岗位模拟实验、往来业务会计岗位模拟实验和会计报表模拟实验。会计综合业务模拟实验的实验环节包括：依据被模拟单位的业务内容、业务特点以及管理要求开设账簿体系；期初数据过账；依据本期模拟业务填制与审核原始凭证；依据原始凭证编制记账凭证、审核记账凭证；编制科目汇总表或汇总记账凭证；登记日记账、明细账、总账；期末调账；成本核算；试算平衡；对账与期末结账；编制会计报表；等等。

本书适用于财经类院校会计、财务管理专业及会计电算化专业开展会计岗位实验和综合实验，也适用于自学会计的人员作为岗前培训教材使用。

图书在版编目(CIP)数据

会计综合业务模拟实验教程/周兴荣，李芊主编.
—3版.—重庆：重庆大学出版社，2014.3(2020.9重印)
高等学校会计专业实验教材
ISBN 978-7-5624-8059-4

Ⅰ.①会… Ⅱ.①周…②李… Ⅲ.会计学—高等学校—教材 Ⅳ.①F230

中国版本图书馆CIP数据核字(2014)第049116号

高等学校会计专业实验教材
会计综合业务模拟实验教程
(第3版)

主 编 周兴荣 李 芊
副主编 李 晔 张 莉
策划编辑：林佳木 贾 曼
责任编辑：李定群 高鸿宽 版式设计：林佳木
责任校对：任卓惠 责任印制：张 策

*

重庆大学出版社出版发行
出版人：饶帮华
社址：重庆市沙坪坝区大学城西路21号
邮编：401331
电话：(023) 88617190 88617185(中小学)
传真：(023) 88617186 88617166
网址：http://www.cqup.com.cn
邮箱：fxk@cqup.com.cn (营销中心)
全国新华书店经销
重庆升光电力印务有限公司印刷

*

开本：787mm×1092mm 1/16 印张：22.5 字数：332千
2008年3月第1版 2014年3月3版 2020年9月第15次印刷
印数：44 501—47 500
ISBN 978-7-5624-8059-4 定价：54.00元

第3版前言

3 EDITION FOREWORD

高等学校会计专业实验教材自2008年3月出版至今，编者和读者对该套丛书都给予了极大的关爱。我国的会计制度和税收法律制度每年都会与时俱进地作出修订和变革，为了更好地服务于读者、更好地将企业的实际经济业务再现于模拟实验教材之中，每一次重印我们都会及时做必要的增补或删减，以求理论和实践紧密结合。我们始终把通过模拟实验来缩短课堂理论和实际会计工作之间的差距作为编写本套会计实验丛书的宗旨。

本套实验教材在本次修订过程中恰逢我国营业税改增值税个别省市自治区试点，部分省市自治区申请第二批试点省份，大部分省份任执行原营业税法。因此，本次修订对原业务涉及营改增的业务进行了必要的调整。另外，随着我国市场经济的发展和完善，一些经济业务的发生形式、体现凭证，以及银行结算方式等也发生了变化，为了更好地体现理论和实践相结合的原则，我们决定对本册实验教材进行修订，主要修订内容体现在以下4个方面：

一、按照新要求和新版本更新和梳理了全部模拟业务的原始凭证。

二、对经济业务的发生形式、体现凭证有变化的经济业务的原始凭证进行了替换，确保理论和实际相一致。

三、对前后有联系的经济业务，在前置业务凭证或后续业务凭证的备注项中或在凭证的下方补充更详细的提示性说明，以便于学习者更好地理解经济业务之间的关联关系。

四、个别设计不合理的经济业务，在修订中进行了调整，同时调整了其后续关联经济业务及系列影响数据。

第3版由周兴荣、李芊任主编。李晔、张莉任副主编。白云霞、魏玮、许平彩、高春荣参与了本书的编写工作。具体编写分工如下：周兴荣、李芊编写第一章、第二章、第八章、第九章和第十章；白云霞、李晔共同编写了第三章、第四章和第五章；高春荣、张莉共同编写了第六章和第七章;魏玮、许平彩共同编写了第十一章。

感谢本书修订过程中重庆大学出版社给予的大力支持,因为修订内容较多,特别是凭证、表格和印章的编辑、排版、校对工作量巨大,对他们付出的辛勤劳动在此谨表真挚的谢意。

由于作者水平有限,不妥之处在所难免,欢迎广大读者批评指正,以便再版时修订。

编　者

2013 年 12 月

前言 FOREWORD

本书由3篇组成:第一篇是会计模拟实验组织与考核;第二篇是会计岗位模拟实验,具体包括出纳岗位模拟实验、存货会计岗位模拟实验、税务会计岗位模拟实验、往来业务会计岗位模拟实验和会计报表模拟实验;第三篇是会计综合业务模拟实验,具体内容包括:依据被模拟单位的业务内容、业务特点以及管理要求开设账簿体系;期初数据过账;依据本期模拟业务填制与审核原始凭证;依据原始凭证编制记账凭证、审核记账凭证;编制科目汇总表或汇总记账凭证;登记日记账、明细账、总账;期末调账;成本核算;试算平衡;对账与期末结账;编制会计报表,等等。

本书旨在让学习者全面、系统地理解和应用会计学原理、中级财务会计、成本会计、税务会计等课程的基本理论和基本方法,在实验过程中将上述专业知识活学活用,融会贯通到实验全过程,在实验过程中对专业理论知识进行查漏补缺,为从事实际会计工作打下坚实的基础。

本书的特色主要体现在以下几个方面:

第一,会计岗位模拟实验和会计综合业务模拟实验相结合,既便于随课程进度开展阶段性的岗位实验,又可以在专业课程学习完毕之后组织会计综合实验。

第二,模拟业务的现实代表性强。会计工作联系广泛,业务繁杂,并且一些经济事项的发生在时间和空间上并不具有规律性,通过对模拟原型单位的会计事项进行加工改制、提炼、简化,从而缩短其会计核算过程,设计选择现实代表性强的业务,对会计核算的全过程进行全面且深入的模拟。

第三,特别注重业务之间的前后联系。业务之间的前后联系是会计学的突出特点,本教材在模拟业务设计上通篇贯彻了这一精神。

第四,以模拟仿真的原始凭证再现实际经济业务,缩小了会计实验与会计实际工作情景之间的差距,有效提升会计模拟实践的效果。

第五,将模拟业务学习指导写进教材。既方便了授课教师备课,又方便了学生和自学人员学习。

本书第一版由周兴荣、徐汉峰担任主编,负责编写大纲,提出编写要求。周兴荣具体负责修改初稿及定稿工作；李晔、张莉担任副主编。王喜琴、魏玮、李芊、陈露、夏文杰参与了本书的编写。具体编写分工如下：周兴荣、徐汉峰编写第一章、第二章、第八章、第九章；李晔编写了第三章、第四章和第五章；张莉编写了第六章和第七章；王喜琴、魏玮、李芊、陈露、夏文杰共同编写了第九章、第十章和第十一章。

本套实验丛书包括《会计学原理模拟实验》《会计综合业务模拟实验》《会计信息系统模拟实验》共3册，由周兴荣担任丛书主编，全面规划和协调3册实验教材的内容划分和风格体例，并组织专家进行审稿。

本册实验教材适用于财经类院校会计、财务管理专业及会计电算化专业开展会计岗位实验和综合实验，也适用于自学会计的人员作为岗前培训教材使用。

另外，需要说明的是，书中所有实验资料（包括单位名称、人名、账号等）均为虚构，如有雷同，纯属巧合。

在本书编写过程中，得到重庆大学出版社的大力支持，也参考、吸取了会计实验教学同仁的经验，在此谨表谢意。

由于作者水平有限，不妥之处在所难免，欢迎广大读者批评指正，以便再版时修订。

编　者

2008年1月

目录 CONTENTS

第一篇

会计模拟实验组织与准备

会计模拟实验组织与考核

第一章

第一节　会计模拟实验的含义与特征

一、会计模拟实验的含义

实验是人们认识自然、改造自然和认识主观世界最基本的方法和手段。实验的过程是:人们为了一定的研究目的,利用一定的物质条件和技术手段,人为地控制、创造或模拟客观对象的存在条件,使自然过程或自然现象以比较纯粹的或典型的形式表现出来,从而在有利的状态下,观察、分析、研究和把握自然现象过程的性质、内存联系和特点、变化过程或结果,由此而揭示出自然现象或自然过程的运动规律。随着科学技术和社会实践的不断发展,自然科学中的仿真和模拟等实验方法和原理也逐渐被引入管理科学和其他社会科学。会计工作具有直观、明确、具体的业务范围,其反映和监督的内容是企事业单位的资金及其运动过程。而资金的具体运动过程总会表现为各种各样的经济业务或会计事项,为了分门别类地反映和监督各项经济业务,通常是运用填制会计凭证、设置账户、登记账簿、成本计算及编制会计报表等专门方法为载体,对其进行确认、计量、记录和报告。

显然,上述会计方法、会计事项及其与之相联系的会计工作的内部和外部环境,都可以通过模拟、加工、改造等手段进行重新塑造,以基本而纯粹的形态表现于某一特定的实验设计之中。学生只需在实验室就可以完成一系列会计事项的相关会计处理工作。这种在模拟条件下重塑的模拟实践教学模式是会计学科实践教学的新发展,为培养学生会计实践技能提供了新的广阔的前景。

综上所述,会计模拟实验应当表述为:以企事业单位在一定时期内发生的实际经济事项以及与产生和形成这些经济事项有关的内部、外部经济联系、会计核算程序、会计凭证在各会计岗位的传递程序等作为模拟实验对象,按照会计制度的要求,用直观真实的原始凭证、记账凭证、会计账簿和报表进行会计业务模拟实务演练,以使学生对企事业单位的会计工作获得直观、系统、全面认识的一种室内实践方法。

二、会计模拟实验的基本特征

会计模拟实验既不同于传统的会计理论教学，又不同于校外专业实习，它是理论教学与校外实习相结合的复合体，故与二者相比，具有不可取代的特点和优越性。

1. 会计模拟实验具有模型化的实践性特点

会计模拟实验就是将模拟对象模型化，通过模拟其生产经营过程让学生在其中进行会计活动，从而掌握会计理论和熟悉会计操作技能。在这种模拟环境中，学生根据实验内容的要求，自己动手，根据经济业务填制原始凭证，编制记账凭证，登记账簿，计算成本，编制会计报表，编写财务报告，进行财务分析，仿佛置身于实际工作单位的财务部门一样，从而使学生对会计工作的全貌有了清晰而直观的了解，既培养了他们的动手能力，又使其加深了对会计基础理论和会计工作内在联系的深刻认识。

2. 会计模拟实验具有可塑性强的特点

会计模拟实验特别是一些专题会计实验，可塑性强的特点非常明显。例如，为了实现“了解企业在实行内部经营承包责任制中如何按照责任会计的原理组织内部经济核算问题”的实验目的，可通过设立内部责任单位、承包指标、核算形式、劳务结算方式、分配办法、机构运行程序等条件，按照给定的经济业务，组织学生进行模拟核算，探求责任会计的实施原理和过程。又如，为了使学生获得对“企业亏损”这一经济现象的直观认识，只要在设计或选择经济业务时，人为地制造“支大于收”这一条件，就可实现核算结果出现亏损；而在校外实习，既不能为了实习而让企业发生亏损，也不能等到企业发生亏损时再去实习。设定条件不同，所得结果也不一样。这样就可方便地按照预定的实验目的进行不同的模拟演练。

3. 会计模拟具有纯化环境和过程的特点

实验能够使人们排除复杂的、多属性的自然物质运动过程中各种偶然及次要因素的困惑和干扰，将研究对象从复杂的联系中隔离出来，使其呈现在一种纯粹的状态和环境中，以便深刻、系统、完整地把握某一自然现象的本质特征和规律。这种在自然科学研究中将研究对象进行纯化的过程，对于会计模拟实验同样是必要的。

对会计模拟对象的简化或纯化过程，一般应包括以下两个方面：

(1)纯化会计环境。即把会计从社会外部和企业内部复杂的联系中简化出来，使在实验中必须保留的联系，仅仅是为了实验目的而存在的。

(2)简化会计过程。即把握实验内容，缩短会计过程，以便在较短的时间内实现对会计过程的全面认识。在实际工作单位，会计工作联系广泛，业务繁杂，且一些经济事项的发生在时间和空间上并不具有规律性，想要了解的经济事项在实习过程中未必就会发生，而短期的校外实习往往难以对实习单位的会计循环过程获得全面的认识。而在实验室里进行会计模拟实验，完全可以对模拟原型单位的会计事项进行加工改造、提炼、简化以缩短会计核算过程。这样在较短的时间内，就可对会计核算的全过程进行全面而深入的认识。

三、会计模拟实验的意义

会计学集多学科理论与繁杂的实务操作于一体,是一门古老而又年轻的学科。传统的教学模式存在着较大的局限性,直接影响了教学效果。经过10余年的艰苦探索、不懈开拓与创新,我们较成功地将自然科学的仿真模拟等技术引入会计教学中,构建了较完善的模拟实验综合系统;模拟实验内容包括基础会计模拟实验、会计岗位模拟实验、会计综合实验、电算化会计实验等;实验运作方式做到了混岗与分岗运作相结合,手工实务操作与计算机操作相结合,专项实验与综合实验相结合;探索、积累了一套较完整的既吸收自然科学实验的精华,又具社会科学实验特色的实验室建设、运行及管理经验。实践证明,该项成果为更新教学内容、改进教学方法,激发学生学习兴趣、提高教学水平与质量发挥了重要作用,也为会计学科相关课程CAI辅助教学的开展奠定了良好基础。会计模拟实验的理论研究和实践活动为会计专业的学生提供了良好的认识实习、专业实习与毕业实习的条件,也为广大教师从事会计教研改革工作创造了良好的契机。大力开展会计模拟实验的意义如下:

1. 会计模拟实验是实现课堂理论教学与课下实践教学相结合的有效途径

在会计模拟实验的仿真模拟环境中,学生根据实验内容的要求,自己动手,从填制原始凭证、编制记账凭证、登记账簿、成本核算、编制会计报表到财务分析,如同置身于实际单位的财务部门一样。学生通过实验对会计工作的全貌有了清晰、直观的了解,既培养了学生的动手能力,又使学生加深了对会计基础理论和会计实际工作内在联系的深刻认识。

2. 会计模拟实验是有效解决实践教学目标与校外实习环境不协调这一矛盾的最佳途径

由于会计学科具有很强的社会实践性,故要求会计专业的学生应具备较强的会计实践运作技能。各院校通常的做法是试图通过校外实习环节来弥补课堂理论教学与实践相脱节的状况。然而实习经费的普遍不足、实际单位财务部门工作环境的限制、实际单位商业机密的安全保护问题、会计工作的阶段性和时间性特点等因素,决定了校外实习难以取得令人满意的预期效果。而进行会计模拟实验的优点在于模拟业务设计及会计核算组织程序的可塑性强,实习成本较低,仿真模拟的效果非常接近现实。校外实习中不能达到的实习目的,通过室内会计模拟实验在较大程度上得以实现。

3. 会计模拟实验是提高学生动手能力,推动素质教育的有效途径

会计专业的学生进行校外实习的主要目的有两个:其一,了解并掌握各类经济业务的会计处理程序与方法——动手操作能力的培养;其二,分析研究各类经济管理制度,并指出各项制度的利弊所在,并尝试提出相关的改进措施与方案——分析问题、解决问题的能力培养。而会计模拟实验,则是通过重塑一个生产单位的生产过程,再依据其生产活动自身的规律与特点,结合市场经济环境产生的财务关系,更全面地设计该模拟单位的各类经济业务及相关的财务管理制度,进行仿真模拟实验,由学生自己主动地动脑筋思考问题,分析并解决问题。这种生动的教学形式能极大地调动学生学习的主动性与积极性,培养学生注重实践、努力实践、从实践中获取真知的好作风,为素质教育开辟了新的路径。

4. 会计模拟实验为进一步改进教学方法,运用现代化教学手段,提高教学水平和教学质量奠定了基础

理论源于实践,又指导实践。理论离不开实践,像会计这样实践性很强的学科更离不开实践。如何利用最短的时间,运用科学、合理、有效的方法和手段,提高仿真模拟的实验效果,是会计模拟实验急需解决的问题。多媒体教学工具的应用、实际单位会计工作情况的音像资料的录制、多功能投影播放设备的引进、高性能的微型电子计算机、网络设施、各类财务软件的引用与设计等,在加强会计模拟实验手段方面发挥着重大作用,为提高教学水平和教学质量奠定了坚实的基础。

第二节　会计模拟实验的组织运作方式

会计模拟实验,按实验内容的综合程度分为综合业务实验和专项实验两种类型,专项实验又细分为单项实验和专题实验两类。

一、综合业务实验的组织运作方式

综合业务实验的实验资料,一般是以某一模拟单位某个月份完整的模拟会计资料,包括企业基本情况、产品生产工艺流程、成本计算方法、各账户的期初余额、原始经济事项、财务分析指标、相关财务制度和政策规定等,按照实验的总体要求,从填制原始凭证、记账凭证、登记账簿、编制报表、编写财务情况说明书到完成实验报告,而进行全面、系统的综合会计模拟演练。

综合业务实验的组织运作方式,一般采用混岗运作方式和分岗运作方式两种。

1. 混岗运作方式

混岗运作方式要求每一位实习学生各自单独完成(或者两个学生为一组共同完成)全部会计模拟实验内容。这种运作方式的优点是:可以让学生在整个实验过程中,对各项专业技能得到系统的、全面的掌握,而且便于组织学生在人数多的情况下,集中实习。其缺点是:首先,不能使学生感受到实际工作中会计机构各岗位的业务分工和内部牵制制度,以及会计凭证在各岗位之间的传递过程;其次,这一运作方式下,学生的工作量大,耗用时间长;最后,就是材料消耗大,会增加实验成本。

2. 分岗运作方式

分岗运作方式要求对实习学生分组,在每一组内按照会计机构内部各岗位分工情况进行分岗操作。这样学生就能在实习过程中,熟悉、明确各会计岗位的基本职责,掌握各类经济业务的账务处理过程,原始单据和其他会计凭证以及在各个会计岗位之间的传递程序和方式。同时,也能了解到财务部门与企业内部其他单位及外部有经济业务往来的各有关单位的财务关系,以及相关经济业务的账务处理方法。使学生有身临其境的感受,直观性、真实性强。这是该运作方式的优点所在。但这种方式在实习过程中组织难度较大,而且学生对实习内容的全面了解和掌握程度明显低于混岗运作方式。

此外,计算机作为处理信息高速化的工具已普遍在会计工作中得到应用。新时期的会计人员,不仅要掌握各种会计理论和方法,还要熟悉微机操作及相关财务软件的应用。同时,为了能够将电算会计实验与手工操作两种运作方式进行有机结合,在采用手工操作与电算会计相结合的运作方式时,又有以下两种实验组织运作方式可供选择:

(1)混岗式的手工操作与分岗式的电算会计相结合。

(2)分岗式的手工操作与混岗式的电算会计相结合。

上述两种组合都能取得较好的实验效果。

二、专项实验的组织运作方式

专项实验按其实验内容和目的不同,可分为单项实验和专题实验。

1. 单项实验

单项实验是以理论课教材的有关章节为实验单元,按照理论教学进度分阶段组织实验,如货币资金核算实验、固定资产核算实验、产品成本核算实验、编制财务报告实验等。

2. 专题实验

专题实验是对会计改革过程中出现的新的会计现象和新的核算方法,及时地加以总结,设计出具有代表性的实验资料,形成专题实验内容,如以责任会计、质量会计、标准成本会计等为内容的专题实验等。

与综合性实验相比,专题实验具有较强的针对性。通过实验,便于学生及时消化课堂教学内容,及时掌握会计工作发展过程中新出现的核算课题。

第三节　会计模拟实验的考核与评价

实验成绩的考核是会计模拟实验系统的重要环节,是提高实验质量、促进实验过程良性运转的有力保证。为此,必须建立一套科学合理、行之有效、易于操作的实验考核体系,将实验要求与实验项目完成的质量进行指标量化,按量化指标和规定的评分程序,对每一个学生的实验运作全过程进行考核并评定成绩。

一、确定考核项目

实验考核项目的确定取决于该项实验的要求、环节和内容。可供参考的考核项目设置如下：

1. **实验纪律**

实验纪律具体包括实验制度的遵守情况和实验课堂表现等方面，严格的实验纪律是模拟实验有序进行的重要保证。没有一个好的实验纪律，就难以取得良好的实验效果。

2. **实验日记**

在实验过程中，要求学生结合实验内容，撰写实验日记。通过该环节来调动学生运用会计理论，认识和解决实际问题的能力。同时，实验日记也是编写实验报告的基本素材。

3. **实验技能**

实验技能是会计模拟实验的核心。具体内容包括填制会计凭证、登记账簿、编制会计报表和财务情况说明书、装订会计档案，以及会计凭证设计、会计程序分析、会计方法分析等内容。

4. **实验报告**

实验报告是完成会计模拟实验全过程的书面总结。该环节主要考核学生能否以某一个或某几个实验项目的内容作为中心论题，准确地描述各种不同性质经济业务账务处理的依据及其与相关会计制度和会计政策的内在联系，能否结合实验内容的重点和疑点提出问题、分析问题，并提出切合实际的改进措施和建议。

二、会计模拟实验操作规范及评分标准

（一）会计模拟实验操作规范

（1）模拟实务操作等同于实际工作，应按照会计核算程序及有关规章制度，认真填制会计凭证，登记会计账簿并编制会计报表。

（2）模拟训练时，必须先认真思考理解题意及要求再动手操作，做完后要认真检查，防止遗漏和错误。

（3）实习用的各种凭证、账簿、报表一律使用统一格式，凭证、账簿以及报表的项目要按有关规定填写清楚、完整。

（4）在填制会计凭证、登记账簿和编制会计报表时，除按规定必须用红色墨水笔外，所有文字、数字都应使用黑（蓝黑）墨水笔书写（填写现金支票、转账支票必须使用黑色墨水笔或签字笔）；不准使用铅笔和圆珠笔（复写凭证除外）。

（5）在进行数字计算时，提倡运用算盘计算，以熟练计算技术，为今后做实际工作打好基础。

（6）书写有错误时，应按规定方法改正，不得任意涂改、刮、擦、挖、补，按正确方法改正之后须在修改过的地方加盖自己的印章。

（7）文字和数字书写要正确、整洁、清楚、规范。

（8）要按规定的时间完成模拟实务训练的全部任务。

(二)会计模拟实验成果验收标准

1.指标设置及分值结构

依据实验大纲的要求,结合会计实验操作的具体特点,对会计综合业务模拟实验成果进行验收及考评。可供参考的考核指标及其对应考评分值设置为记账凭证、账簿、报表、实习报告、加分因素及考勤6个部分,考评分值前4项分别为30分、30分、15分、25分,加分累计不超过15分,考勤按照缺勤次数计负分。岗位实验的考核指标和分值可比照综合实验进行删减。

岗位实验和综合实验可以各自按百分制分开评分,然后按35%(即每一个岗位实验计5%)和65%的比例加权计算整体得分。

2.对各考评指标的具体要求

(1)记账凭证:

- 年、月、日及编号是否齐全、连续。
- 是否说明了附件张数。
- 同号分页记账凭证是否按 $1/n,2/n,\cdots,n/n$ 编号。
- 一笔经济业务使用多张记账凭证连续记录时格式是否正确。
- “制单”“记账”“审核”处是否填写姓名。
- 记账后是否标有记账符号“√”。
- 明细成本项目是否齐全、正确。
- 一张记账凭证上不许有两处更改或错误。
- 以上要求,每一处不符合扣0.25分。

(2)账簿:

- 上年结转数是否有“上年结转”章以及余额的方向章。
- 小计、月计、累计是否正确。
- 余额结示的位置是否正确。
- 数量、金额式账户是否有数量记录。
- 记账需自然过渡到下一页时,在下一页的首行是否标明“承前页”字样。
- 结转下年的格式和内容是否正确。
- 一张账页上不允许有4处更改。
- 以上要求,每一处不符合扣0.25分。

(3)报表:

- 整洁,不可以出现刮、擦、挖、补、涂的数字。
- 正确。
- 以上要求,有一处更改扣0.25分,有一处错误扣5分。

(4)实习报告:

- 格式规范。
- 文字工整。

- 有实际内容，观点明确。
- 不少于 3 500 ~4 000 字。

(5)加分因素：

- 记账凭证、账簿、报表正确和整洁加分，累积加分总计不超过 5 分。
- 自制表格设计合理、明晰，有推广价值的则加分，该方面加分总计不得超过 10 分。

(6)考勤方面：

- 迟到、早退每小时扣 0.5 分。
- 旷课每次扣 2 分。
- 该部分累计扣分达 40 分者，取消其实习资格。

第二章　会计模拟实验准备工作

第一节　实验场所和实验设备准备

为了增强会计模拟实验的仿真程度，提升会计模拟实验效果，作为高等院校，在组织学生进行模拟实验时，应该有一个理想的实验场所，并配备必不可少的实验设备。

按照国家教育部“基础课实验室评估达标验收标准”的基本要求，结合多年实验教学和管理实践的经验，我们认为，一个标准会计模拟实验室的实验场所和实验设备配备应达到以下要求：

一、实验场所要求

实验场所由学生实验区和实验指导教师办公区两部分组成。

对学生实验区的基本要求是：实验室宽敞明亮，通风效果好，环境优雅，配备制冷和取暖系统，每个学生平均拥有不低于2 m^2 的操作活动空间，而实验室面积的大小则要结合会计模拟实验室配套设备来确定。通常设备生产厂家可提供36座、48座、60座、72座等系列的会计模拟实验室配套设备，加上教师宣讲演示区占用面积约12 m^2。那么，36座的会计模拟实验室，其学生实验区的房屋使用面积应不低于84 m^2，48座的不低于108 m^2，60座的不低于132 m^2，72座的不低于156 m^2。

至于实验指导教师办公区的环境要求，则因各学校的整体办学、办公条件而异，没有统一的标准和要求。

二、实验设备要求

1. 手工会计模拟实验室设备要求

目前，市场上生产手工会计模拟实验室设备的厂家很多，大多数厂家都能提供经济型、豪华型和超豪华型的系列会计模拟实验室设备。但是，上述设备一般不包括教师讲课用的多媒体演示系统。通常在实验教学过程中，会计凭证、会计账簿、会计报表的讲解，需要通过多媒体投影的形式来提高教学效果。因此，多媒体投影演示系统、无线麦克扩音系统，以及电子白板等都是标准手工会计模拟实验室的必配设备。

此外，如果是模拟银行结算业务，还需要配置一个模拟结算柜台，以及与之配套的各种模拟银行印鉴等。

2. 电算会计模拟实验室设备要求

电算会计模拟实验室其实质就是一个网络计算机房。终端的数量可以与手工模拟实验室的座位数配套，以保证在学生做完手工操作之后能一人一机地进行电算会计模拟实验。

要进行电算会计模拟实验，除了计算机硬件之外，还应安装相应的财务软件。一般情况下，可直接向财务软件公司索要教学版软件，即可满足基本会计业务的计算机处理要求。如果还有特殊的需求，如更多的业务处理功能、更大的业务处理笔数(因为大多数教学版财务软件是限制业务功能和业务记录笔数的)，则应向软件开发商订货，并支付一定的开发费用。

目前，国内大多数企业采用用友软件公司出品的“U8”财务软件。用友公司也与不少高校合作开发了“U8 网络实验室”，既解决了学生上机实验的问题，也为用友财务软件拓展未来市场的竞争力奠定了基础。

3. 教师办公设备配置

为有效完成各项实验准备、实验管理、实验研究以及实验室管理工作，给实验指导教师配置一定数量的办公设施是非常必要的。按 4 或 5 人组成的实验教师队伍来考虑，通常应配置下列设备：

(1)中高档微机 4 ~5 台，服务器 1 台。

(2)彩色喷墨打印机 2 ~3 台。

(3)激光打印机 1 ~2 台。

(4)一体机(复印机、速印、传真)1 台。

(5)扫描仪 2 ~3 台。

(6)数码相机 1 部。

(7)笔记本电脑 1 ~2 台。

(8)文件柜若干组。

(9)便携式投影设备 1 套。

第二节　综合实验材料准备

为顺利地完成本次模拟实验综合业务，实验指导教师应结合学生总人数、分组情况和分岗情况，在实验工作开展之前，提前准备实验材料。

实验材料分为 3 类：一类是可重复使用的实验材料；另一类则是单套一次性消耗的实验材料；还有一类是公共一次性消耗材料。

一、可重复使用的实验材料

这类材料主要包括：

(1)会计科目章(如企业会计科目章、事业单位会计科目章、行政单位会计科目章等)。

(2)会计通用章(如会计十通章、现金收讫、现金付讫、转账收讫、转账付讫等印章)。

(3)模拟结算章(设置模拟银行柜台时,需要配置模拟结算章)。

(4)印台。

(5)印章垫板。

(6)直尺、裁纸刀、剪刀等。

上述实验材料可重复使用。因此在发放这些实验材料时,应进行领用登记和交回登记工作,以减少不必要的浪费,节约实验经费。

在实习过程中,原则上每一小组应配备一整套上述可重复使用的实验材料,以减少不同小组之间的相互干扰,保证各小组实习进程的正常进行。

二、单套一次性消耗的实验材料

一个小组完成一套综合业务模拟实验业务,所需实验材料统计如下：

(1)总分类账,账本1册。

(2)现金日记账,账页1张(如果实验室留存归档,则建议使用订本式现金日记账1册)。

(3)银行存款日记账,账页2张(如果实验室留存归档,则建议使用订本式银行存款日记账1册)。

(4)数量金额式明细账,账页6张。

(5)低值易耗品明细账,账页3张。

(6)包装物明细账,账页4张。

(7)固定资产台账(明细账),账页11张。

(8)无形资产明细账,账页1张。

(9)多栏式成本费用明细账,账页16张。

(10)应交税费-应交增值税明细账,账页3张。

(11)三栏式(借、贷、余)明细账,账页46张。

(12)通用记账凭证130~140张。

(13)科目汇总表6张(按每月15日、30日、31日,共编制3次科目汇总表计算)。

(14)科目汇总附表10张(按每月15日、30日、31日,共编制3次科目汇总表计算)。

(15)账簿封皮3~5套。

(16)鞋带 3 ~ 5 根或账簿装订专用螺丝 3 ~ 5 套。

(17)记账凭证封皮 1 ~ 3 张。

(18)账簿标签 3 ~ 5 张。

在此需要说明的是,在实际工作中,上述耗材的第 1—3 项通常是订本式的,第 4—11 项通常是活页式的,为了记账和保管方便,往往需要将活页账装订成册。通常在进行分册装订时,要充分考虑会计工作岗位的分工和会计凭证传递程序的实际需要。

假如全部模拟业务不采用分岗位实验运作方式,以便使每个学生都能经历全部的会计业务,那么上述第 4—11 项的活页式账页,建议分类合并装订为以下 3 册:

(1)有形资产类合为 1 册,包括耗材统计的第 4—7 项(无形资产明细账不必单独成册,可并入该册,置于固定资产之后)。

这 3 种账页所记载的业务中,固定资产业务平时发生最少,宜放在这一册的最后面;用于记载库存材料、库存商品的数量金额式账页平时使用最多,宜放在这一册的最前面;而低值易耗品的业务量一般在前述二者之间,故可以放在这一册的中间。

此外,还有一个应该注意的细节问题是,上述第 4—7 类账页中,每个小类所记载的具体科目在账册中的排序应按各科目的业务量大小进行排序。当然,要求刚刚参加会计模拟实验的学生做到这一点,有些不切实际。只有在某个工作单位工作了一段时间之后的老会计工作者,才能依据往年的经验,对今年各科目的业务量作出合理判断。

(2)多栏式成本费用明细账账页装订为 1 册,用于记录 3 项期间费用、生产成本以及制造费用等经济业务。

(3)三栏式(借、贷、余)明细账账页和应交税费-应交增值税明细账账页合为 1 册,用于记录不需要记录数量,只需记载金额的各科目的经济业务。

除此以外,需要注意的还有以下 3 点:

①有些企业的会计人员为了方便进行销售收入和销售成本的分析,往往将主营业务收入和主营业务成本分产品地记入多栏式账簿中。这种情况下,就应加配多栏式明细账账页,减配三栏式明细账账页。

②如果采用分岗位的实验运作方式,那么,会计账簿的装订册数就应该随会计工作岗位的配置而定。

③教材第二篇的岗位模拟实验的实验用品不包括在上述材料统计中,教师可据实配发。

三、公共一次性消耗材料

除上述可重复使用的实验材料和单套一次性消耗的实验材料外,还应在实验开始前准备一些公共消耗材料,它们主要包括记账专用墨水、胶水、糨糊、原子印油、装订线,各种备用实验凭证,以及账页和账本等。

第三节　实验知识准备和实验进度规划

会计综合业务模拟实验较多地涉及“基础会计”“中级财务会计”“成本会计”“税法”“税务会计”“管理会计”“财务管理”等课程的基本理论和基本方法。为了取得满意的实验效果,重新温习上述各专业课程的理论知识是十分必要的。

一、对实验指导教师的要求

作为实验指导教师,在组织学生进行会计综合业务模拟实习之前必须对全部模拟业务进行试做,并撰写实验指导教案,在教案中详细注明每一实验步骤所涉及的理论知识的出处,以及知识要点和应用时应注意的问题。要达到这一要求,实验指导教师必须精通上文述及的各专业课程,并充分关注新会计法规、新会计准则以及税务法规的新变化等。

二、对参加实验学生的要求

作为即将参加实验的学生,必须端正态度,积极主动地温习上面述及的各专业课程,为进入实验阶段打下良好的理论知识基础。

三、实验步骤

会计综合业务模拟实验分为 4 个阶段,即实验准备阶段、模拟实验阶段、整理小结阶段、撰写实验报告阶段。

1. 实验准备阶段

实验准备包括实验场所准备、实验设备准备、实验材料准备及知识准备 4 个方面。具体各方面的准备要求在前面各小节已分别进行了详细说明。这些准备工作要求在实验正式开展之前完成,因此,不占用学生的实验时间。

2. 模拟实验阶段

在模拟实验正式开始之前,实验指导教师应集中讲解本次模拟实验的目的和意义,并概括讲解模拟单位的生产组织和管理制度,以及会计核算制度,以使学生对整个实验有一个整体上的把握和了解。

这一阶段的主要实验任务包括两部分:一是会计岗位实验,二是会计综合业务实验。

会计岗位实验部分主要训练岗位工作内容和业务的账务处理,实习者需要根据岗位训练要求开设相应的会计账簿,然后根据经济业务编制记账凭证,再依据记账凭证登记相应账簿并完成对账、结账和编制会计报表的工作。

会计综合业务实验部分的任务如下:

(1)根据期初数据和资料开设总分类账、日记账、明细分类账以及备查簿。

(2)将期初余额过入各有关账簿和备查簿。

(3)根据模拟业务对应的原始凭证编制记账凭证,进行科目汇总,登记总分类账、日记账和明细分类账,进行试算平衡。

(4)编制会计报表。

(5)进行财务分析。

3. 整理小结阶段

对所填制的原始凭证、记账凭证、编制的会计报表进行整理归类,将记账凭证装订成册,并给各分册连续编号。

对模拟实验情况进行小结和评价,总结经验,找出不足,并提出合理化建议。

4. 撰写实验报告阶段

要求学生就实验过程中的心得体会、经验、过程等整理成实验报告。

四、各阶段的时间安排及进度规划

1. 会计岗位实验时间安排计划为 20 学时

各项岗位实验所需实验学时数和进度规划参考标准见表 2.1。

表 2.1　会计岗位模拟实验各阶段的时间安排及进度规划

项　目	需要学时数	累计学时数
出纳岗位模拟实验	4	4
材料会计岗位模拟实验	4	8
往来业务会计岗位模拟实验	4	12
税务会计岗位模拟实验	4	16
会计报表会计岗位模拟实验	4	20

2. 会计综合业务模拟实验计划实验学时为 160 学时

各阶段需要的实验学时数和进度规划参考标准见表 2.2。

表 2.2　会计综合业务模拟实验各阶段的时间安排及进度规划

项　目	需要学时数	累计学时数
实验分组及实验动员	2	2
分发实验用品	2	4
实验要求讲解	3	7
建账	1	8
过账	20	28

续表

项　目	需要学时数	累计学时数
1—15 日业务处理	30	58
16—30 日业务处理	30	88
31 日业务处理	34	122
编制会计报表	24	146
整理小结	8	154
撰写实验报告	6	160

第二篇

会计岗位模拟实验

第三章　出纳岗位模拟实验

第一节　出纳岗位职责和工作流程

一、出纳岗位职责

(1)按照国家有关现金管理和银行结算制度的规定,办理现金收付和银行结算业务。

(2)根据会计制度的规定,办理现金和银行存款收付业务。在办理业务时,首先要严格审核有关原始凭证,据以编制收付款凭证,然后再根据审核无误的收付款凭证逐日逐笔登记现金日记账和银行存款日记账,并结出余额。

(3)按照国家外汇管理和结汇制度的规定及有关批件,办理外汇出纳业务。

(4)掌握银行存款余额,不准签发空头支票,不准出租出借银行账户为其他单位办理结算。

(5)保管库存现金和有价证券并保证其安全与完整。

(6)保管有关印章、空白支票和其他有关空白票据。

二、出纳岗位工作程序

出纳岗位核算程序如图3.1所示。

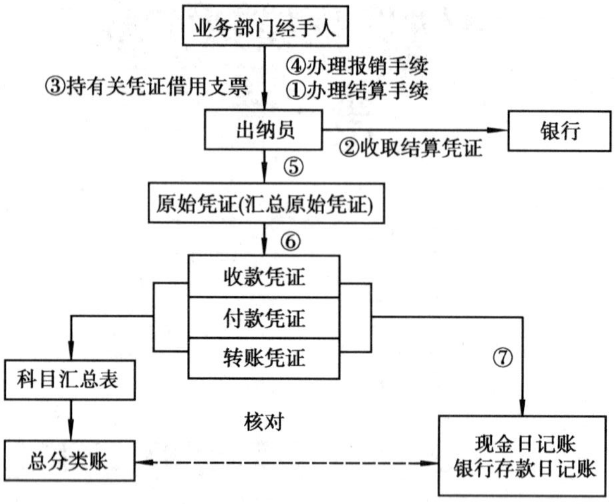

图 3.1　出纳岗位核算程序图

第二节　出纳岗位模拟业务及要求

一、模拟单位基本情况

1. 基本情况

企业名称:石家庄华亨贸易有限公司。

成立日期:2013 年 9 月 1 日。

注册资金:1 000 000 元。

地址及电话:石家庄市和平东路 36 号,0311-85763399。

纳税人资格:一般纳税人,税务登记号:130105761330699。

开户银行及账号:基本户,中国银行石家庄市平安支行 1307700809001。

国税专户,石家庄市商业银行和东支行 61500201602986。

地税专户,交通银行和平支行 08050000695876。

主营业务范围:各类钢材及其他建筑材料(增值税适用税率 17%)。

企业规模:企业职工人数 50 人,企业资产总额小于 800 万元。

2. 银行账户的使用

基本户用于提取现金、业务结算等资金收支业务;国税专户主要用于向国税国库缴纳税费、购买销售发票等业务的结算;地税专户主要用于向地税国库缴纳的税费、购买服务业发票、收款收据等业务结算。

二、模拟业务

以模拟企业 2013 年度 9—12 月份的经济业务为会计核算训练资料。在业务题号中，前面标注有【H】的是出纳（货币资金）岗位实验业务，标注有【C】的是存货会计岗位实验业务，标注有【S】的是税务岗位实验业务，标注有【*】的是关联业务，相关业务可不编制记账凭证和记账。

请在进行第三章出纳岗位模拟实验过程时，选做带【H】标注的业务；在进行第四章存货会计岗位实验时，选做带【C】标注的业务（该公司库存商品采用进价金额核算方法，月末按加权平均成本结转已售商品的销售成本）；在进行第五章税务会计岗位实验时，选做带【S】标注的业务。

(一)2013 年 9 月份经济业务

【H】**业务** 1：9 月 1 日股东认缴注册资金 1 000 000 元存入基本账户，其中，王有利 500 000 元，张元元 300 000 元，李晓财 200 000 元。

【H】**业务** 2：9 月 5 日从基本账户开户行购买现金支票（0351#—0375#）和转账支票（0561—0585#）各 1 本；单价均为每本 30 元，款项从账户直接支付。

【H】**业务** 3：9 月 5 日提取备用金 10 000 元，现金支票号为 0351#。

【H】**业务** 4：9 月 15 日从新百商场购办公用品开支 2 300 元（打印纸 3 箱计 900 元，硒鼓 1 个 700 元，签字笔 20 支计 200 元，计算器两个计 200 元，文件盒 10 个计 300 元），款项转账支付，支票号为 0561#。

【H】**业务** 5：9 月 18 日报销业务员手机话费 300 元，现金支付。

【H】**业务** 6：9 月 19 日交现金 300 元存入国税专户备用。

【H】**业务** 7：9 月 19 日从国家税务局购增值税专用发票 20 份，支付款项 18 元，从国税专户直接划转。

【H】【C】【S】**业务** 8：9 月 20 日从石家庄市新铁公司购入 ϕ8 线材 10 吨验收入库，增值税率为 17%，取得增值税专用发票，转账支付总价款 31 884.48 元，支票号为 0562#。

【H】【C】【S】**业务** 9：9 月 22 日从河北顺发公司购入 ϕ12 螺纹钢 23.235 吨验收入库，增值税率为 17%，取得增值税专用发票，转账支付总价款 76 663.04 元，支票号为 0563#。

【H】【S】**业务** 10：9 月 25 日销售给河北通达公司 ϕ8 线材 10 吨，单价为 3 033.27 元/吨；ϕ12 螺纹钢 23.235 吨，单价为 3 050 元/吨。增值税率均为 17%，要求开具增值税专用发票，同时收到全额货款 118 403.37 元的转账支票 1 张，送开户银行委托收款（付款方信息为开户行及账号：中行机场路支行 1307700809003；地址及电话：红军大街 6 号 0311-87063339；税务登记号：130105601778993）。

【*】**业务** 11：9 月 30 日计提本月工资，其中，管理人员工资 6 000 元，营销人员 10 000元（暂不考虑应该计提的各种职工保险费用）。

【C】【S】**业务** 12：9 月 30 日结转本月销售成本。

【S】**业务** 13：9 月 30 日计算提取 9 月份应交税费（只计提流转税费）。

(二)2013 年 10 月份经济业务

【H】**业务** 1：10 月 6 日现金支付储运公司钢材装卸费 1260.48 元，取得发票 2 张。

【H】【S】**业务** 2：10 月 7 日从基本账户转款至国税专户备缴纳 9 月份增值税 1432.05 元。

【H】**业务** 3：10 月 9 日交现金 600 元存入地税专户备缴税款。

【H】**业务** 4：10 月 9 日向地税国库缴纳 9 月份购销合同印花税 110.60 元，从专户划转。

【H】【S】**业务** 5：10 月 9 日向地税国库缴纳 9 月份城建税 100.24 元、教育费附加 42.96 元、地方教育附加 14.32 元，从地税专户分别划转，从国税专户缴纳 9 月份增值税。

【H】**业务** 6：10 月 11 日，业务员李翔从邯郸出差回来报销差旅费 430 元(车费 60 元，2 天住宿费 240 元，交通费 50 元，餐费补助 60 元，电话费 20 元)，支付现金。

【H】**业务** 7：10 月 11 日基本账户承付石家庄网通托收电话费 313.57 元。

【H】**业务** 8：10 月 11 日从银行提取现金 25 000 元备用，支票号为 0352#。

【H】【C】【S】**业务** 9：10 月 11 日从河北顺邦有限公司购入 ф25 螺纹钢 12.18 吨、ф12 螺纹钢 18.50 吨、ф14 螺纹钢 6.73 吨，3 种钢材单价相同，增值税率均为 17%，取得 2 张增值税专用发票，总价款为 122 189.70 元。其中，转账支付 100 000 元，支票号为 0564#；现金支付 22 189.70 元。

【H】【C】【S】**业务** 10：10 月 12 日从石家庄华瑞有限公司购入 ф12 螺纹钢 2.986 吨，价税合计 11 137.78 元；ф14 螺纹钢 0.698 吨，价税合计为 1 800.84 元。取得增值税专用发票 1 张，转账支付总价款 12 938.62 元，支票号为 0565#。

【H】【C】【S】**业务** 11：10 月 13 日从承钢工贸公司购入 ф25 螺纹钢 20 吨，取得增值税专用发票 1 张，转账支付总价款 64 600 元，支票号为 0566#。

【H】**业务** 12：10 月 15 日拿到基本账户第三季度存款利息单据，利息额为 127.10 元(9 月 21 日结息)。

【H】【S】**业务** 13：10 月 17 日销售给石家庄正圆有限公司 ф25 螺纹钢 12.18 吨，收到总价款为 50 009.57 元的转账支票 1 张，当即交开户行委托收款，并开具增值税专用发票。

【H】【S】**业务** 14：10 月 18 日销售给河北电力公司钢材一批，其中，ф12 螺纹钢 2.986吨，含税单价为 4 330 元；ф14 螺纹钢 0.698 吨，含税单价为 3 400 元；ф25 螺纹钢 20 吨，含税单价为 3 800 元。收到总价款为 91 302.58 元的转账支票 1 张，当即交开户行委托收款，开具了增值税普通发票。

【H】【C】【S】**业务** 15：10 月 18 日从承钢工贸公司购入 ф25 螺纹钢 30 吨，总价款为 98 400 元；ф14 螺纹钢 10.08 吨，总价款为 33 082.56 元。取得增值税发票 1 张，按双方约定暂转账支付 50 000 元，支票号为 0567#，其余款项月底支付。

【H】【C】【S】**业务** 16：10 月 18 日从中储物流公司购入 ф8 线材 12.72 吨，取得了增值税专用发票 1 张，转账支付总价款 40 504.78 元，支票号为 0568#。

【H】【S】**业务** 17：10 月 21 日销售给南通永丰建筑安装公司 ϕ25 螺纹钢 23 吨，总价 83 421 元；ϕ12 螺纹钢 15 吨，总价 55 282.50 元；ϕ14 螺纹钢 16.81 吨，总价 62 936.64 元。合计价款 201 640.14 元，收到转账支票 1 张交存银行委托收款，开具增值税普通发票 1 张。

【H】【S】**业务** 18：10 月 22 日销售给顺发公司 ϕ8 线材 12.72 吨，收到总价款 45 410.40元的现金，开具增值税专用发票 1 张。

【H】**业务** 19：10 月 22 日将收到的 45 410.40 元现金货款交存开户银行。

【*】**业务** 20：10 月 28 日分配本月工资，其中，管理人员工资 8 000 元，营销人员 12 000 元（暂不考虑应该计提的各种职工保险费用）。

【H】**业务** 21：10 月 28 日从银行提取现金 36 000 元备发工资，支票号码 0353#。

【H】**业务** 22：10 月 30 日按照工资表发放 9 月份工资 16 000 元，10 月份工资 20 000元。

【C】**业务** 23：10 月 31 日结转本月销售成本。

【S】**业务** 24：10 月 31 日计算提取 10 月份应交税费。

（三）2013 **年** 11 **月份经济业务**

【H】**业务** 1：11 月 2 日预收宏远机械加工有限公司钢材货款 105 860 元转账支票 1 张，当即交开户银行委托收款。

【H】**业务** 2：11 月 3 日从新华商场购收款收据 1 本，现金支付 5 元，取得发票 1 张。

【H】**业务** 3：11 月 4 日公司向张晶、韩清两位股东个人借入周转资金分别为 10 000元和 40 000 元现金，并当即存入银行，分别开具借据。

【H】**业务** 4：11 月 5 日转账支付石家庄北二环钢材市场管理公司本年度的场地占用费 4 446.17 元，预付下年度场地占用费 8 892.33 元，转账金额为 13 338.50 元，支票号为 0569#，取得发票 1 张。

【H】【S】**业务** 5：11 月 6 日从基本账户划转 2 418.80 元至国税专户以备支付 10 月份增值税。（转账支票号 0570#）

【H】**业务** 6：11 月 8 日交现金 500 元存入地税专户备交流转税款。

【H】**业务** 7：11 月 8 日计算交纳 10 月份购销合同印花税 99.58 元，从地税专户划转。

【H】【S】**业务** 8：11 月 8 日交纳 10 月份城建税 169.32 元、教育费附加 72.56 元、地方教育附加 24.19 元，分别从地税专户划转，从国税专户交纳增值税 2 418.80 元。

【H】**业务** 9：11 月 9 日电汇给北京钢铁公司钢材款 150 000 元，大约 30 天发货。

【H】**业务** 10：11 月 9 日支付开户银行汇款手续费及邮电费 10.50 元，直接从基本账户转讫。

【H】【C】【S】**业务** 11：11 月 10 日从金环商贸公司购入 ϕ8 高线 12.77 吨，取得增值税专用发票1张,转账支付总价款43 826.64元,支票号为0571#。

【H】【C】【S】**业务**12:11月11日从中储物流中心购入φ8高线3.05吨,取得增值税专用发票一张,转账支付总价款9 613.60元,支票号为0572#。

【H】【C】【S】**业务**13:11月12日从天津年年红钢铁公司购入80×8镀锌扁铁23吨,总价款为115 000元,按照合同约定办理银行汇票1张带款提货,或已运到验收入库,并取得增值税专用发票1张(天津年年红钢铁公司,中国银行天津市东丽支行59710572408019001)。

【H】【C】【S】**业务**14:11月15日从河北华通材料公司购入φ10高线10.10吨,价值32 037.20元;φ8高线13.21吨,价值41 903.12元。取得增值税专用发票1张,转账支付总价款73 940.32元,支票号为0573#。

【H】**业务**15:11月16日从新华国税购买电脑版增值税普通发票25份,单价为0.35元/份,从国税专户直接转讫8.75元。

【H】【S】**业务**16:11月17日销售给南通永丰建筑公司φ25螺纹钢7吨,收到总价款25 620元转账支票1张,当即交存银行收款,开具增值税普通发票1张。

【H】【S】**业务**17:11月19日销售给南通永丰建筑公司φ8高线11.32吨、φ12螺纹钢3.50吨,单价相同,收到总价款54 834元转账支票1张,当即交存银行收款,开具增值税普通发票1张。

【H】【S】**业务**18:11月22日销售给龙城设备公司φ8高线3.05吨,收到总价款10 675元的转账支票1张,当即办理了银行进账,开具增值税专用发票1张。

【H】【S】**业务**19:11月22日销售给省电力邢台公司80×8镀锌扁铁23吨,当天收到其电汇货款132 480元,开具增值税普通发票1张。

【H】【S】**业务**20:11月22日销售给石家庄正圆有限公司φ8高线13.21吨,收到总价款45 853.26元转账支票1张,当即交存银行收款,开具增值税专用发票1张。

【H】**业务**21:11月25日现金支付业务员张红业务招待费(餐费)801元,附餐饮业定额发票4张。

【H】**业务**22:11月26日报销职工公交IC卡充值费及市内出租车费,支付现金124.10元。

【H】**业务**23:11月28日从银行提取现金18 000元备发工资,支票号码0354#。

【*】**业务**24:11月28日分配本月工资,其中,管理人员工资8 000元,营销人员10 000元(暂不考虑应该计提的各种职工保险费用)。

【H】**业务**25:11月30日按照工资表发放11月份工资18 000元。

【C】**业务**26:11月30日结转本月销售成本。

【S】**业务**27:11月30日计算提取11月份应交税费。

(四)2013年12月份经济业务

【H】**业务**1:12月5日提取备用金7 500元,支票号为0355#。

【H】**业务**2:12月6日购入FX16复印机1台,转账支付3 700元(支票号码0574#)。

【H】【S】**业务** 3：12 月 6 日从基本账户划转 3 934.94 元至国税专户以备支付 11 月份增值税。

【H】**业务** 4：12 月 7 日交现金 550 元存入地税专户备交流转税款。

【H】**业务** 5：12 月 7 日计算缴纳 11 月份购销合同印花税 69.09 元，从地税专户划转。

【H】【S】**业务** 6：12 月 7 日缴纳 11 月份城建税 275.45 元、教育费附加 118.05 元、地方教育附加 39.35 元，分别从地税专户划转，从国税专户缴纳 11 月份增值税 3 934.94元。

【H】**业务** 7：12 月 25 日提取现金 38 000 元，备发 12 月份工资及本年度取暖费补贴，支票号为 0356#。

【H】【S】**业务** 8：12 月 26 日发 12 月份工资 28 000 元，发放取暖补贴 10 000 元（税法规定工资薪金所得个税扣除标准为 2 000 元。税率：应税所得不超过 500 元按 5% 计税，500 ~ 2 000 元按 10% 计税）。扣税人员名单见表 3.1。

表 3.1　石家庄华亨贸易有限公司 12 月份个人扣除所得税明细表　　单位：元

姓　名	工资额	取暖补贴	应发额	代扣税额	实发额	领款人签名
王有利	1 600	600	2 200	10	2 190	王有利
张元元	1 500	600	2 100	5	2 095	张元元
合　计	3 100	1200	4 300	15	4 285	

单位负责人：王有利　　制表人：赵　金　　制表日期：2013 年 12 月 15 日

【H】【C】【S】**业务** 9：12 月 16 日从五矿钢铁天津公司购入 ϕ8 高线 14.63 吨，取得增值税专用发票 1 张，总价款 40 232.50 元从基本存款户以电汇方式支付（天津市工行小白楼支行 0302011309103362819）。

【H】【C】【S】**业务** 10：12 月 17 日从省金属廊坊公司购入 ϕ10 高线 50.28 吨验收入库，取得增值税专用发票 1 张，总价款 145 812 元从基本存款户以电汇方式支付（廊坊市农行解放道支行 660001040005003）。

【H】**业务** 11：12 月 17 日支付银行汇款手续费及邮电费 15.50 元，从基本存款户转讫（支票号为 0575#）。

【H】**业务** 12：12 月 19 日转账支付中储公司房租 2 400 元，支票号为 0576#。

【H】**业务** 13：12 月 20 日承付石家庄网通托收的电话费 273.97 元。

【H】【S】**业务** 14：12 月 22 日销售给南通永丰公司 ϕ8 高线 16.08 吨，收到总价款 59 496 元转账支票 1 张，当即交存银行收款，开具增值税普通发票。

【H】【S】**业务** 15：12 月 25 日销售给沧黄高速路项目部 ϕ10 高线 60.28 吨，总价款 181 140 元已电汇到账，开具增值税普通发票 1 张。

【C】**业务** 16：12 月 25 日结转本月销售成本。

【C】【S】**业务**17:接受投资转入商品。12 月 25 日铁荣公司投资转入 φ22 螺纹钢 50 吨,开来增值税专用发票 1 张,总价款为 150 000 元,与双方确定价值相符(若不相符,其差额部分记入"资本公积"科目)。

【C】【S】**业务**18:视同销售(用于非应税项目、投资、集体福利、赠送等)。12 月 26 日将库存的 φ22 螺纹钢 10 吨捐赠给利民福利院的宿舍楼建造工程,入库成本为 3 000 元/吨(含税),适用税率 17%。

【C】【S】**业务**19:改变用途。12 月 26 日公司维修办公楼需领用库存的钢材(φ22 螺纹钢)2 吨(入库时含税单价为 3 000 元)。

【C】【S】**业务**20:购入的商品发生非正常损失。12 月 27 日接到仓库保管员的报告,库存的 φ22 螺纹钢被盗,经核查丢失了 35 吨,入库成本为 3 000 元/吨(含税),已向公安机关报案。

【H】【S】**业务**21:12 月 27 日收出租闲置库房一间的租赁费 3 500 元,已开具服务业发票,款项转账(基本账户)收讫。

【S】**业务**22:12 月 31 日计算提取本月应交营业税。

【S】**业务**23:12 月 31 日计算提取本月应交城市维护建设税(应先计算出本月应交增值税、营业税)。

【S】**业务**24:12 月 31 日计算提取本月应交教育费附加和地方教育附加。

(说明:可将 25、26 题合并编制分录)

【S】**业务**25:本企业购销合同印花税税率执行的是按销售额万分之三的标准缴纳。12 月 31 日计算提取本月购销合同印花税待下月初缴纳。本月销售收入合计为 205 671.79 元。

【S】**业务**26:12 月 31 日对本月新增 150 000 元注册资本计算提取应交印花税。

【S】**业务**27:清算本年度企业所得税,12 月 31 日全年经济业务的账务处理完毕,随即编制出会计报表。假设全年累计实现利润总额为 58 972.69 元,其中,业务经营收入总计 1 567 928.65 元,业务招待费支出合计 12 678 元;再假设其他开支项目符合企业所得税扣除标准,计算提取本年度应交企业所得税额。

三、出纳岗位实验要求

(1)对业务编号前标有【H】的经济业务编制记账凭证,注意要素应填写齐全。

(2)按时登记库存现金及银行存款日记账,要求日清月结。

第三节　出纳岗位业务指导与参考答案

一、记账凭证(会计分录)参考答案

(一)2013 年 9 月份经济业务

分录	借方	贷方
【H】业务 1:		
借:银行存款——1307700809001	1 000 000	
贷:实收资本——王有利		500 000
实收资本——张元元		300 000
实收资本——李晓财		200 000
【H】业务 2:		
借:财务费用——手续费(购买此类单据也可以作管理费用,下同)	60	
贷:银行存款——1307700809001		60
【H】业务 3:		
借:库存现金	10 000	
贷:银行存款——1307700809001		10 000
【H】业务 4:		
借:管理费用——办公费	2 300	
贷:银行存款——1307700809001		2 300
【H】业务 5:		
借:管理费用——通信费	300	
贷:库存现金		300
【H】业务 6:		
借:银行存款——61500201602986	300	
贷:库存现金		300
【H】业务 7:		
借:管理费用——办公费	18	
贷:银行存款——61500201602986		18
【H】业务 8:		
借:库存商品——ϕ8 线材	27 251.69	
应交税费——应交增值税(进项税)	4 632.79	
贷:银行存款——1307700809001		31 884.48
【H】业务 9:		
借:库存商品——ϕ12 螺纹钢	65 523.97	

应交税费——应交增值税(进项税)	11 139.07	
贷:银行存款——1307700809001		76 663.04

【H】**业务** 10:

借:银行存款——1307700809001	118 403.37	
贷:主营业务收入——ϕ8 线材		30 332.70
主营业务收入——ϕ12 螺纹钢		70 866.75
应交税费——应交增值税(销项税)		17 203.92

【*】**业务** 11:

借:管理费用——工资	6 000	
营业费用——工资	10 000	
贷:应付职工薪酬——工资		16 000

(二)2013 年 10 月份经济业务

【H】**业务** 1:

借:销售费用——装卸费	1 260.48	
贷:库存现金		1 260.48

【H】**业务** 2:

借:银行存款——61500201602986	1 432.05	
贷:银行存款——1307700809001		1 432.05

【H】**业务** 3:

借:银行存款——08050000695876	600	
贷:库存现金		600

【H】**业务** 4:

借:管理费用——印花税	110.60	
贷:银行存款——08050000695876		110.60

【H】**业务** 5:

借:应交税费——应交城建税	100.24	
应交税费——应交教育费附加	42.96	
应交税费——应交地方教育附加	14.32	
贷:银行存款——08050000695876		157.52
借:应交税费——应交增值税(已交税金)	1 432.05	
贷:银行存款——61500201602986		1 432.05

【H】**业务** 6:

借:销售费用——差旅费	430	
贷:库存现金		430

【H】**业务** 7:

借:管理费用——邮电费	313.57	

贷:银行存款——1307700809001		313.57
【H】业务 8:		
借:库存现金	25 000	
贷:银行存款——1307700809001		25 000
【H】业务 9:		
借:库存商品——ϕ25 螺纹钢(12.18 吨)	34 002.30	
库存商品——ϕ12 螺纹钢(18.5 吨)	51 645.53	
库存商品——ϕ14 螺纹钢(6.73 吨)	18 787.81	
应交税费——应交增值税(进项税)	17 754.06	
贷:银行存款——1307700809001		100 000
库存现金		22 189.70
【H】业务 10:		
借:库存商品——ϕ12 螺纹钢(2.986 吨)	9 519.47	
库存商品——ϕ14 螺纹钢(0.698 吨)	1 539.18	
应交税费——应交增值税(进项税)	1 879.97	
贷:银行存款——1307700809001		12 938.62
【H】业务 11:		
借:库存商品——ϕ25 螺纹钢(20 吨)	55 213.68	
应交税费——应交增值税(进项税)	9 386.32	
贷:银行存款——1307700809001		64 600
【H】业务 12:		
借:银行存款——1307700809001	127.10	
贷:财务费用——利息		127.10
【H】业务 13:		
借:银行存款——1307700809001	50 009.57	
贷:主营业务收入——ϕ25 螺纹钢		42 743.22
应交税费——应交增值税(销项税)		7 266.35
【H】业务 14:		
借:银行存款——1307700809001	91 302.58	
贷:主营业务收入——ϕ12 螺纹钢材		11 050.75
主营业务收入——ϕ14 螺纹钢材		2 028.38
主营业务收入——ϕ25 螺纹钢材		64 957.26
应交税费——应交增值税(销项税)		13 266.19
【H】业务 15:		
借:库存商品——ϕ25 螺纹钢(30 吨)	84 102.56	
库存商品——ϕ14 螺纹钢(10.08 吨)	28 275.69	

应交税费——应交增值税(进项税)	19 104.31	
贷:银行存款——1307700809001		50 000
应付账款——承钢工贸公司		81 482.56

【H】**业务** 16:

借:库存商品——ϕ8 线材(12.72 吨)	34 619.47	
应交税费——应交增值税(进项税)	5 885.31	
贷:银行存款——1307700809001		40 504.78

【H】**业务** 17:

借:银行存款——1307700809001	201 640.14	
贷:主营业务收入——ϕ25 螺纹钢材		71 300
主营业务收入——ϕ12 螺纹钢材		47 250
主营业务收入——ϕ14 螺纹钢材		53 792
应交税费——应交增值税(销项税)		29 298.14

【H】**业务** 18:

借:库存现金	45 410.40	
贷:主营业务收入——ϕ8 线材		38 812.31
应交税费——应交增值税(销项税)		6 598.09

【H】**业务** 19:

借:银行存款——1307700809001	45 410.40	
贷:库存现金		45 410.40

【*】**业务** 20:

借:管理费用——工资	8 000	
营业费用——工资	12 000	
贷:应付职工薪酬——工资		20 000

【H】**业务** 21:

借:库存现金	36 000	
贷:银行存款——1307700809001		36 000

【H】**业务** 22:

借:应付职工薪酬——工资	36 000	
贷:库存现金		36 000

(三)2013 年 11 月份经济业务

【H】**业务** 1:

借:银行存款——1307700809001	105 860	
贷:预收账款——宏远公司		105 860

【H】**业务** 2:

借:管理费用——办公费	5	

贷:库存现金		5
【H】**业务** 3:		
借:银行存款——1307700809001	50 000	
贷:其他应付款——张晶		10 000
其他应付款——韩清		40 000
【H】**业务** 4:		
借:销售费用——场租费	4 446.17	
预付账款——场租费	8 892.33	
贷:银行存款——1307700809001		13 338.50
【H】**业务** 5:		
借:银行存款——61500201602986	2 418.80	
贷:银行存款——1307700809001		2 418.80
【H】**业务** 6:		
借:银行存款——08050000695876	500	
贷:库存现金		500
【H】**业务** 7:		
借:管理费用——印花税	99.58	
贷:银行存款——08050000695876		99.58
【H】**业务** 8:		
借:应交税费——应交城建税	169.32	
应交税费——教育费附加	72.56	
应交税费——地方教育附加	24.19	
贷:银行存款——08050000695876		266.07
借:应交税费——应交增值税(已交税金)	2 418.80	
贷:银行存款——61500201602986		2 418.80
【H】**业务** 9:		
借:预付账款——北京钢铁公司	150 000	
贷:银行存款——1307700809001		150 000
【H】**业务** 10:		
借:财务费用——手续费	10.50	
贷:银行存款—1307700809001		10.50
【H】**业务** 11:		
借:库存商品——ϕ8 高线(12.77 吨)	37 458.67	
应交税费——应交增值税(进项税)	6 367.97	
贷:银行存款——1307700809001		43 826.64

【H】业务 12：		
借：库存商品——ф8 高线(3.05 吨)	8 216.75	
应交税费——应交增值税(进项税)	1 396.85	
贷：银行存款——1307700809001		9 613.60
【H】业务 13：		
借：库存商品——80×8 镀锌扁铁(23 吨)	98 290.60	
应交税费——应交增值税(进项税)	16 709.40	
贷：银行存款——1307700809001		115 000
【H】业务 14：		
借：库存商品——ф10 高线(10 吨)	27 382.22	
库存商品——ф8 高线(13.21 吨)	35 814.63	
应交税费——应交增值税(进项税)	10 743.47	
贷：银行存款——1307700809001		73 940.32
【H】业务 15：		
借：管理费用——办公费	8.75	
贷：银行存款——61500201602986		8.75
【H】业务 16：		
借：银行存款——1307700809001	25 620	
贷：主营业务收入——ф25 螺纹钢		21 897.44
应交税费——应交增值税(销项税)		3 722.56
【H】业务 17：		
借：银行存款——1307700809001	54 834	
贷：主营业务收入——ф12 螺纹钢材		11 068.38
主营业务收入——ф8 高线		35 798.29
应交税费——应交增值税(销项税)		7 967.33
【H】业务 18：		
借：银行存款——1307700809001	10 675	
贷：主营业务收入——ф8 高线		9 123.93
应交税费——应交增值税(销项税)		1 551.07
【H】业务 19：		
借：银行存款——1307700809001	132 480	
贷：主营业务收入——80×8 镀锌扁铁		113 230.77
应交税费——应交增值税(销项税)		19 249.23
【H】业务 20：		
借：银行存款——1307700809001	45 853.26	
贷：主营业务收入——ф8 高线		39 190.82
应交税费——应交增值税(销项税)		6 662.44

【H】**业务** 21：

借：管理费用——业务招待费	801	
贷：库存现金		801

【H】**业务** 22：

借：管理费用——市内交通费	124.10	
贷：库存现金		124.10

【H】**业务** 23：

借：库存现金	18 000	
贷：银行存款——1307700809001		18 000

【*】**业务** 24：

借：管理费用——工资	8 000	
营业费用——工资	10 000	
贷：应付职工薪酬——工资		18 000

【H】**业务** 25：

借：应付职工薪酬——工资	18 000	
贷：库存现金		18 000

(四)2013 年 12 月份经济业务

【H】**业务** 1：

借：库存现金	7 500	
贷：银行存款——1307700809001		7 500

【H】**业务** 2：

借：固定资产——FX16 复印机	3 700	
贷：银行存款——1307700809001		3 700

【H】**业务** 3：

借：银行存款——61500201602986	3 934.94	
贷：银行存款——1307700809001		3 934.94

【H】**业务** 4：

借：银行存款——08050000695876	550	
贷：库存现金		550

【H】**业务** 5：

借：管理费用——印花税	69.09	
贷：银行存款——08050000695876		69.09

【H】**业务** 6：

借：应交税费——应交城建税	275.45	
应交税费——教育费附加	118.05	
应交税费——地方教育附加	39.35	

贷:银行存款——08050000695876		432.85
借:应交税费——应交增值税(已交税金)	3 934.94	
贷:银行存款——61500201602986		3 934.94

【H】业务 7:

借:库存现金	38 000	
贷:银行存款——1307700809001		38 000

【H】业务 8:

借:应付职工薪酬——工资	28 000	
管理费用——取暖补贴	10 000	
贷:库存现金		37 985
应交税费——应交个人所得税		15

【H】业务 9:

借:库存商品——ф8 高线(14.63 吨)	34 386.75	
应交税费——应交增值税(进项税)	5 845.75	
贷:银行存款——1307700809001		40 232.50

【H】业务 10:

借:库存商品——ф10 高线(50.28 吨)	124 625.64	
应交税费——应交增值税(进项税)	21 186.36	
贷:银行存款——1307700809001		145 812

【H】业务 11:

借:财务费用——手续费	15.50	
贷:银行存款——1307700809001		15.50

【H】业务 12:

借:管理费用——房租	2 400	
贷:银行存款——1307700809001		2 400

【H】业务 13:

借:管理费用——邮电费	273.97	
贷:银行存款——1307700809001		273.97

【H】业务 14:

借:银行存款——1307700809001	59 496	
贷:主营业务收入——ф8 高线		50 851.28
应交税费——应交增值税(销项税)		8 644.72

【H】业务 15:

借:银行存款——1307700809001	181 140	
贷:主营业务收入——ф10 高线		154 820.51
应交税费——应交增值税(销项税)		26 319.49

【H】**业务** 16：

借：银行存款——1307700809001　　　　3 500

　贷：其他业务收入　　　　3 500

二、日记账各月期末余额参考答案

各日记账期末余额见表 3.2。

表 3.2　日记账期末余额表

账户名称	2013.9	2013.10	2013.11	2013.12
库存现金	9 400	9 919.82	8 489.72	15 454.72
银行存款-1307700809001	997 495.85	1 055 196.62	1 054 370.52	1 066 637.61
银行存款-61500201602986	282	282	273.25	273.25
银行存款-08050000695876		331.88	466.23	514.29

第四章 存货会计岗位模拟实验

第一节 存货会计岗位职责和工作流程

一、存货会计岗位职责

(1)审查存货采购计划、控制采购成本,防止盲目采购。

(2)要求各业务环节提供填写内容齐全的有关凭证,同时规定凭证的传递程序和传递时间。

(3)负责存货收发原始凭证的审核、收发的处理和明细核算。对在途存货要督促清理催收,对已验收入库尚未付款的存货,月终要估价入账。

(4)会同有关部门建立健全存货手续制度,拟订存货管理与核算的实施办法。

(5)配合有关部门制订存货消耗定额,对存货实行计划成本计价核算的企业,还要编制存货计划成本目录。

(6)负责存货销售业务的核算,正确计算和结转存货的销售成本。

(7)协助有关部门对存货进行清查盘点及其账务处理的工作。

(8)会同有关部门分析存货的储备情况,对于超过正常储备和长期积压的存货,要分析原因,提出处理意见和建议,督促有关部门处理。对于存货保管不善等原因造成浪费的,要追究管理人员的责任。

二、存货会计岗位工作流程

存货会计工作流程,如图 4.1 所示。

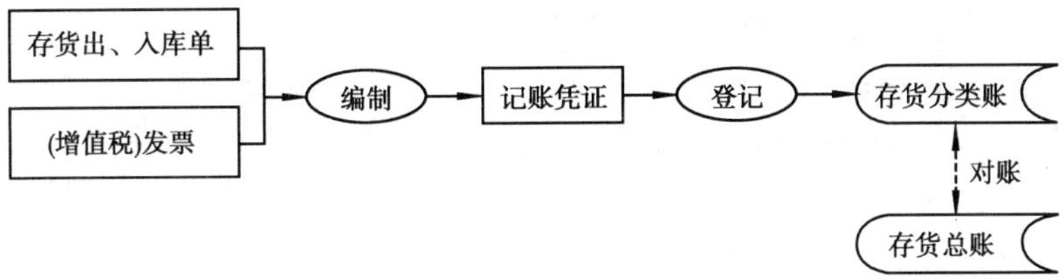

图 4.1　存货会计工作流程图

第二节　存货会计岗位实验要求与业务指导

一、存货会计岗位实验要求

(1)根据模拟经济业务(第三章中业务题号前面标有【C】的经济业务)编制记账凭证,注意要素填写齐全。

(2)顺序登记库存商品明细账并按月进行结账

(3)每月末按照加权平均法结转当月销售成本,编制相应的记账凭证。

二、记账凭证(会计分录)参考答案

(一)2013 年 9 月份经济业务

【C】业务 8:

借:库存商品——ϕ8 线材(10 吨)	27 251.69	
应交税费——应交增值税(进项税)	4 632.79	
贷:银行存款——1307700809001		31 884.48

【C】业务 9:

借:库存商品——ϕ12 螺纹钢(23.235 吨)	65 523.97	
应交税费——应交增值税(进项税)	11 139.07	
贷:银行存款——1307700809001		76 663.04

【C】业务 12:

借:主营业务成本——钢材	92 775.66	
贷:库存商品——ϕ8 线材(10 吨)		27 251.69
库存商品——ϕ12 螺纹钢(23.235 吨)		65 523.97

(二)2013 年 10 月份经济业务

【C】业务 9:

借:库存商品——ϕ25 螺纹钢(12.18 吨)	34 002.30	
库存商品——ϕ12 螺纹钢(18.5 吨)	51 645.53	

库存商品——ф14 螺纹钢(6.73 吨)	18 787.81	
应交税费——应交增值税(进项税)	17754.06	
贷:银行存款——1307700809001		100 000
库存现金		22 189.70

【C】业务 10:

借:库存商品——ф12 螺纹钢(2.986 吨)	9 519.47	
库存商品——ф14 螺纹钢(0.698 吨)	1 539.18	
应交税费——应交增值税(进项税)	1879.97	
贷:银行存款——1307700809001		12 938.62

【C】业务 11:

借:库存商品——ф25 螺纹钢(20 吨)	55 213.68	
应交税费——应交增值税(进项税)	9 386.32	
贷:银行存款——1307700809001		64 600

【C】业务 15:

借:库存商品——ф25 螺纹钢(30 吨)	84 102.56	
库存商品——ф14 螺纹钢(10.08 吨)	28 275.69	
应交税费——应交增值税(进项税)	19 104.31	
贷:银行存款——1307700809001		50 000
应付账款——承钢工贸公司		81 482.56

【C】业务 16:

借:库存商品——ф8 线材(12.72 吨)	34 619.47	
应交税费——应交增值税(进项税)	5 885.31	
贷:银行存款——1307700809001		40 504.78

【C】业务 23:

借:主营业务成本——钢材	288 230.65	
贷:库存商品——ф25 螺纹钢(55.18 吨)		153 807.08
库存商品——ф12 螺纹钢(17.986 吨)		51 201.42
库存商品——ф14 螺纹钢(17.508 吨)		48 602.68
库存商品——ф8 线材(12.72 吨)		34 619.47

(三)2013 年 11 月份经济业务

【C】业务 11:

借:库存商品——ф8 高线(12.77 吨)	37 458.67	
应交税费——应交增值税(进项税)	6 367.97	
贷:银行存款——1307700809001		43 826.64

【C】业务 12:

借:库存商品——ф8 高线(3.05 吨)	8 216.75	

　应交税费——应交增值税（进项税）　　1 396.85
　　贷：银行存款——1307700809001　　9 613.60

【C】业务 13：
借：库存商品——80×8 镀锌扁铁（23 吨）　　98 290.60
　应交税费——应交增值税（进项税）　　16 709.40
　　贷：银行存款——1307700809001　　115 000

【C】业务 14：
借：库存商品——ϕ10 高线（10 吨）　　27 382.22
　库存商品——ϕ8 高线（13.21 吨）　　35 814.63
　应交税费——应交增值税（进项税）　　10 743.47
　　贷：银行存款——1307700809001　　73 940.32

【C】业务 23：
借：主营业务成本——钢材　　205 185.40
　　贷：库存商品——ϕ25 螺纹钢（7 吨）　　19 511.46
　　　库存商品——ϕ12 螺纹钢（3.50 吨）　　9 963.58
　　　库存商品——ϕ8 高线（27.58 吨）　　77 419.76
　　　库存商品——80×8 镀锌扁铁（23 吨）　　98 290.60

（四）2013 年 12 月份经济业务

【C】业务 9：
借：库存商品——ϕ8 高线（14.63 吨）　　34 386.75
　应交税费——应交增值税（进项税）　　5 845.75
　　贷：银行存款——1307700809001　　40 232.50

【C】业务 10：
借：库存商品——ϕ10 高线（50.28 吨）　　124 625.64
　应交税费——应交增值税（进项税）　　21 186.36
　　贷：银行存款——1307700809001　　145 812

【C】业务 16：
借：主营业务成本——钢材　　190 464.90
　　贷：库存商品——ϕ8 高线（16.08 吨）　　38 457.04
　　　库存商品——ϕ10 高线（60.28 吨）　　152 007.86

【S】业务 17：
借：库存商品——ϕ22 螺纹钢（50 吨）　　128 205.13
　应交税费——应交增值税（进项税）　　21 794.87
　　贷：实收资本——铁荣公司　　150 000

【S】业务 18：
借：营业外支出——捐赠支出　　30 000

贷：库存商品——ϕ22 螺纹钢（10 吨） 25 641.03
应交税费——应交增值税（销项税） 4 358.97

【S】业务 19：

借：管理费用——维修费 6 000
贷：库存商品——ϕ22 螺纹钢（2 吨） 5 128.21
应交税费——应交增值税（进项税额转出） 871.79

【S】业务 20：

借：待处理财产损益——待处理流动财产损益 105 000
贷：库存商品——ϕ22 螺纹钢（35 吨） 89 743.59
应交税费——应交增值税（进项税额转出） 15 256.41

三、库存商品明细账各月期末余额参考答案

库存商品明细账期末余额见表 4.1。

表 4.1 库存商品明细账期末余额表

账户名称	2013.9		2013.10		2013.11		2013.12	
	数量/吨	金额/元	数量/吨	金额/元	数量/吨	金额/元	数量/吨	金额/元
库存商品-ϕ8 线材	0	0	0	0	0	0	0	0
库存商品-ϕ12 螺纹钢	0	0	3.5	9 963.58	0	0	0	0
库存商品-ϕ25 螺纹钢			7	19 511.46	0	0	0	0
库存商品-ϕ14 螺纹钢				0	0	0	0	0
库存商品-ϕ22 螺纹钢							3	7 692.30
库存商品-ϕ8 高线					1.45	4 070.29	0	0
库存商品-ϕ10 高线					10	27 382.22	0	0
库存商品-ϕ80 × 8 镀锌扁铁					0	0	0	0

税务会计岗位模拟实验

第五章

第一节　税务会计岗位职责和工作流程

一、税务会计岗位职责

(1)负责办理纳税登记,申请减免税和出口退税,核实税金的缴纳,编制有关的税务报表。

(2)负责企业有关税费的缴纳、查对、申请复查。

(3)负责办理申请退税事项。

(4)负责涉税行政诉讼事项的办理。

(5)负责办理企业登记、企业变更登记、营业登记等有关事项。

(6)负责编制各种税务报表和相关的分析报告;

(7)办理其他与税务有关的事项。

二、税务会计岗位工作流程

税务会计工作流程如图 5.1 所示。

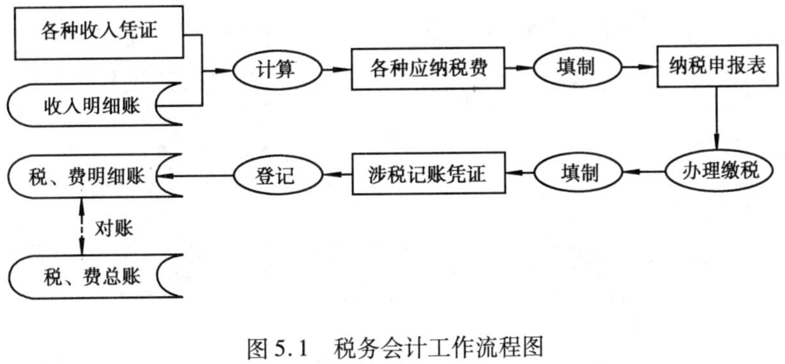

图 5.1　税务会计工作流程图

第二节　我国现行税、费种类

目前我国税收制度涉及的税种有增值税、消费税、营业税、资源税、企业所得税、土地增值税、城市维护建设税、房产税、土地使用税、车船使用税、个人所得税、印花税及耕地占用税等。其中，增值税由国家税务机关负责征收和管理，企业所得税的征管正在由地方税务机关向国家税务机关转移，2002 年以后新建企业的所得税由国税机关负责征管，以前的老企业的所得税业务由地税机关负责征管，其他 11 个税种由地方税务机关负责征收和管理。根据实用性原则，我们重点学习和训练增值税、营业税、企业所得税、城市维护建设税、印花税及个人所得税 6 个税种的核算，其他作为了解内容，不作重点练习。

现阶段，由税务机关代收的费用有河道管理费、教育费附加、地方教育费附加、残疾人保障金及民营企业工会经费等。其中，河道管理费由国税机关负责征管，其他费用项目由地税机关负责征管。本实验主要练习其中的教育费附加和地方教育费附加的计提及核算方法。

税费核算中的往来会计科目一般为“应交税费”，期末应为贷方余额，反映企业尚未缴纳的税费；期末如为借方余额，反映企业多交税费或尚未抵扣的税费（应交税费科目）。我们按照税费种类进行学习和训练。

一、增值税

企业应在“应交税费”总账科目下设“应交增值税”明细账，在该明细账内设置“进项税额”“已交税金”“转出未交增值税”“减免税款”“销项税额”“出口退税”“进项税额转出”“转出多交增值税”等专栏，并按规定进行核算。现实业务中用到较多的有“进项税额”“已交税金”“销项税额”“出口退税”“进项税额转出”，我们将重点练习这些专栏。

如果企业业务量很大，也可根据需要将“应交增值税”明细科目提升为一级科目使用，并进行日常核算。在编制会计报表时，汇总至“应交税费”项目内反映。

二、营业税

1. 营业税的纳税人

营业税的纳税人是在中华人民共和国境内提供应税劳务、转让无形资产或者销售不动产的单位和个人。

2. 营业税的计税依据

营业的计税依据是提供应税劳务的营业额，转让无形资产的转让额或者销售不动产的销售额，统称为营业额。它是纳税人向对方收取的全部价款和在价款之外取得的一切费用,如手续费、服务费和基金等。

营业税税目税率表见表5.1。

表5.1 营业税税目税率表

税　目	征收范围	税率/%
一、交通运输业	陆路运输、水路运输 航空运输、管道运输、装卸搬运（注:部分省市自治区的部分项目已经改为征收增值税或试点增值税）	3
二、建筑业	建筑、安装、修缮装饰及其他工程作业	3
三、金融保险业		5
四、邮电通信业		3
五、文化体育业		3
六、娱乐业	歌厅、舞厅、卡拉OK歌舞厅、音乐茶座、台球 高尔夫球、保龄球、游艺	5～20
七、服务业	代理业、旅店业、饮食业 旅游业、仓储业、租赁业、广告业及其他服务业	5
八、转让无形资产	转让土地使用权、专利权 非专利技术、商标权、著作权、商誉	5
九、销售不动产	销售建筑物及其他土地附着物	5

企业应在“应交税费”总账科目下设“应交营业税”明细账,即二级科目核算。

三、城市维护建设税

城市维护建设税实行差别比例税率,按照纳税人所在地的不同,税率分为3个档次。其税率表见表5.2。

表5.2 城市维护建设税税率表

适用范围	税率/%	计税依据
市区	7	实际缴纳的增值税、消费税、营业税税额
县城或镇	5	实际缴纳的增值税、消费税、营业税税额
不在市区、县城或镇	1	实际缴纳的增值税、消费税、营业税税额

注:1.外商投资企业、外国企业暂不征收城市维护建设税。

2.凡交纳增值税、消费税、营业税的单位和个人都必须交纳城市维护建设税。

3.计算公式为

应交城建税＝(实缴增值税＋实缴消费税＋实缴营业税)×适用税率

企业应在“应交税费”总账科目下设“应交城市维护建设税”明细账,即二级核算。

四、教育费附加和地方教育附加

教育费附加以各单位和个人实际交纳的增值税、消费税、营业税的税额为计征依据，教育费附加率为3%。

地方教育附加自2002年4月1日起开征（石家庄市从2003年11月起征）。地方教育附加以纳税（费）人实际缴纳的增值税、消费税、营业税为计征依据，征收率为1%。

教育费附加和地方教育附加，一般月末提取，次月初（1—10日内）随其他税种一起缴纳。其计算和核算口径与城市维护建设税相同。

企业应在“应交税费”科目下设“教育费附加”和“地方教育附加”明细账进行核算。

五、印花税

印花税是对经济活动和经济交往中书立、领受的应税经济凭证所征收的一种税。

印花税的征税对象：现行印花税只对印花税条例列举的凭证征税具体有5类：经济合同，产权转移书据，营业账簿，权利、许可证照，以及经财政部确定征税的其他凭证。

印花税的计税依据：印花税根据不同征税项目，分别实行从价计征和从量计征两种征收方式。

从价计税情况下计税依据的确定包括以下3种情况：

（1）各类经济合同，以合同上记载的金额、收入或费用为计税依据。

（2）产权转移书据以书据中所载的金额为计税依据。

（3）记载资金的营业账簿，以实收资本和资本公积两项合计的金额为计税依据。

从量计税情况下计税依据的确定。实行从量计税的其他营业账簿和权利、许可证照，以计税数量为计税依据。

常用的印花税税目税率表见表5.3。

表5.3　常用的印花税税目税率表

项　目	范　围	税　率	纳税义务人	说明
购销合同	包括供应、预购、采购、购销结合及协作、调剂、补偿、易货等合同	1.（本月存货借方发生额合计+本月销售额合计）×50%×0.3‰ 2. 本月销售额合计×0.3‰	立合同人	石家庄市可两种方法任选
营业账簿	生产、经营用账册	记载资金的账簿，按实收资本和资本公积的合计金额万分之五贴花；其他账簿按件贴花5元	立账簿人	

续表

项目	范围	税率	纳税义务人	说明
权利、许可证照	包括政府部门发给的房屋产权证、工商营业执照、商标注册证、专利证、土地使用证	按件贴花5元	领受人	

企业应缴纳的印花税平时不需预计应缴数，每月据实缴纳直接列入管理费用，到年末时将12月份应缴数提足，并进行清理核查，次年1月份缴纳。

六、个人所得税

石家庄华亨贸易有限公司对员工的工资以及外聘人员的劳务报酬实行代扣代缴个人所得税。在“应交税费”科目下设“应交个人所得税”明细账。

七、企业所得税

(1)企业所得税：是以企业取得的生产经营所得和其他所得为征税对象所征收的一种税。

(2)企业所得税的申报方式：一般是季度预缴年度汇算清缴。

(3)企业所得税有两种征收方式：一是查账征收，就是根据你的收入减去成本、费用得出利润，再乘以相应的税率(利润在3万元以下18%，3万～10万是27%，10万以上是33%)；另一种是核定征收，就是根据收入直接乘以一个比率(由税务机关根据不同行业确定)，不考虑成本费用，得出的数就算是利润，再乘以相应的税率18%，27%，33%。我们的模拟企业实行的是查账征收法。

(4)企业所得税的核算方法：应付税款法和纳税影响会计法。我们的模拟企业采用的是应付税款法核算。

(5)应纳税额的计算：企业所得税税率表见表5.4。

表5.4 企业所得税税率表

年应纳税所得额	税率/%
企业所得税税率	25
非居民企业取得符合税法规定情形的所得	20
对符合条件的小型微利企业	20
对国家需要重点扶持的高薪技术企业	15

注：企业所得税应纳税额的计算公式为

应纳税额＝应纳税所得额×税率(相应税率)

应纳税所得额＝利润总额＋纳税调整增加额－纳税调整减少额－弥补以前年度亏损－免税所得

(6)由于会计制度与企业所得税法在成本、费用、损失的处理上有不同的规定,在计算缴纳所得税时要按税法进行调整应纳税所得额,正确计算应缴企业所得税税额。

企业应在“应交税费”科目下设“应交企业所得税”明细账。

第三节 税务会计岗位实验要求与业务指导

一、实验要求

(1)根据模拟经济业务(第三章中业务题号前面标有【S】的经济业务)编制记账凭证,注意要素填写齐全。

(2)按税费种类开设应交税费明细账。

(3)根据记账凭证登记相应的应交税费明细账。要求按月结账。

二、记账凭证(会计分录)参考答案

(一)2013 年 9 月份经济业务

【S】**业务 8**:		
借:库存商品——ϕ8 线材	27 251.69	
应交税费——应交增值税(进项税)	4 632.79	
贷:银行存款——1307700809001		31 884.48
【S】**业务 9**:		
借:库存商品——ϕ12 螺纹	65 523.97	
应交税费——应交增值税(进项税)	11 139.07	
贷:银行存款——1307700809001		76 663.04
【S】**业务 10**:		
借:银行存款——1307700809001	118 403.37	
贷:主营业务收入——钢材		101 199.46
应交税费——应交增值税(销项税)		17 203.91
【S】**业务 12**:		
借:主营业务成本——钢材	92 775.66	
贷:库存商品——ϕ8 线材(10 吨)		27 251.69
库存商品——ϕ12 螺纹(23.235 吨)		65 523.97
【S】**业务 13**:		
借:营业税金及附加	157.52	
贷:应交税费——应交城建税		100.24
应交税费——教育费附加		42.96

　　　应交税费——地方教育附加　　　　　　　　　　　　14.32

(二)2013 年 10 月份经济业务

【S】业务 5：

借：应交税费——应交增值税（已交税金）　　1 432.05
　贷：银行存款——1307700809001　　　　　　　　1 432.05

借：应交税费——应交城建税　　100.24
　应交税费——应交教育费附加　　42.96
　应交税费——应交地方教育附加　　14.32
　贷：银行存款——08050000695876　　　　157.52

【S】业务 9：

借：库存商品——ф25 螺纹钢（12.18 吨）　　34 002.30
　库存商品——ф12 螺纹钢（18.5 吨）　　51 645.53
　库存商品——ф14 螺纹钢（6.73 吨）　　18 787.81
　应交税费——应交增值税（进项税）　　17 754.06
　贷：银行存款——1307700809001　　　　100 000
　　库存现金　　　　22 189.70

【S】业务 10：

借：库存商品——ф12 螺纹钢（2.986 吨）　　9 519.47
　库存商品——ф14 螺纹钢（0.698 吨）　　1 539.18
　应交税费——应交增值税（进项税）　　1 879.97
　贷：银行存款——1307700809001　　　　12 938.62

【S】业务 11：

借：库存商品——ф25 螺纹钢（20 吨）　　55 213.68
　应交税费——应交增值税（进项税）　　9 386.32
　贷：银行存款——1307700809001　　　　64 600

【S】业务 13：

借：银行存款——1307700809001　　50 009.57
贷：主营业务收入——ф25 螺纹钢材　　　　42 743.22
　应交税费——应交增值税（销项税）　　　　7 266.35

【S】业务 14：

借：银行存款——1307700809001　　91 302.58
　贷：主营业务收入——ф12 螺纹钢材　　　　11 050.75
　　主营业务收入——ф14 螺纹钢材　　　　2 028.38
　　主营业务收入——ф25 螺纹钢材　　　　64 957.26
　　应交税费——应交增值税（销项税）　　　　13 266.19

【S】业务 15：

借：库存商品——φ25 螺纹钢(30 吨)	84 102.56	
库存商品——φ14 螺纹钢(10.08 吨)	28 275.69	
应交税费——应交增值税(进项税)	19 104.31	
贷：银行存款——1307700809001		50 000
应付账款——承钢工贸公司		81 482.56

【S】业务 16：

借：库存商品——φ8 线材(12.72 吨)	34 619.47	
应交税费——应交增值税(进项税)	5 885.31	
贷：银行存款——1307700809001		40 504.78

【S】业务 17：

借：银行存款——1307700809001	201 640.14	
贷：主营业务收入——φ25 螺纹钢材		71 300
主营业务收入——φ12 螺纹钢材		47 250
主营业务收入——φ14 螺纹钢材		53 792
应交税费——应交增值税(销项税)		29 298.14

【S】业务 18：

借：库存现金	45 410.40	
贷：主营业务收入——φ8 线材		38 812.31
应交税费——应交增值税(销项税)		6 598.09

【S】业务 24：

借：营业税金及附加	266.07	
贷：应交税费——应交城建税		169.32
应交税费——教育费附加		72.56
应交税费——地方教育附加		24.19

(三)2013 年 11 月份经济业务

【S】业务 8：

借：应交税费——应交城建税	169.32	
应交税费——教育费附加	72.56	
应交税费——地方教育附加	24.19	
贷：银行存款——08050000695876		266.07
借：应交税费——应交增值税(已交税金)	2 418.8	
贷：银行存款—61500201602986		2 418.8

【S】业务 11：

借：库存商品——φ8 高线(12.77 吨)	37 458.67	
应交税费——应交增值税(进项税)	6 367.97	

贷:银行存款——1307700809001		43 826.64
【S】业务 12:		
借:库存商品——ф8 高线(3.05 吨)	8 216.75	
应交税费——应交增值税(进项税)	1 396.85	
贷:银行存款——1307700809001		9 613.60
【S】业务 13:		
借:库存商品——80×8 镀锌扁铁(23 吨)	98 290.60	
应交税费——应交增值税(进项税)	16 709.40	
贷:银行存款——1307700809001		115 000
【S】业务 14:		
借:库存商品——ф10 高线(10 吨)	27 382.22	
库存商品——ф8 高线(13.21 吨)	35 814.63	
应交税费——应交增值税(进项税)	10 743.47	
贷:银行存款——1307700809001		73 940.32
【S】业务 16:		
借:银行存款——1307700809001	25 620	
贷:主营业务收入——ф25 螺纹钢		21 897.44
应交税费——应交增值税(销项税)		3 722.56
【S】业务 17:		
借:银行存款——1307700809001	54 834	
贷:主营业务收入——ф12 螺纹钢材		11 068.38
主营业务收入——ф8 高线		35 798.29
应交税费——应交增值税(销项税)		7 967.33
【S】业务 18:		
借:银行存款——1307700809001	10 675	
贷:主营业务收入——ф8 高线		9 123.93
应交税费——应交增值税(销项税)		1 551.07
【S】业务 19:		
借:银行存款——1307700809001	132 480	
贷:主营业务收入——80×8 镀锌扁铁		113 230.77
应交税费——应交增值税(销项税)		19 249.23
【S】业务 20:		
借:银行存款——1307700809001	45 853.26	
贷:主营业务收入——ф8 高线		39 190.82
应交税费——应交增值税(销项税)		6 662.44

【S】业务 27：

	借方	贷方
借：营业税金及附加	432.85	
贷：应交税费——应交城建税		275.45
应交税费——教育费附加		118.05
应交税费——地方教育附加		39.35

（四）2013 年 12 月份经济业务

【S】业务 6：

	借方	贷方
借：应交税费——应交城建税	275.45	
应交税费——教育费附加	118.05	
应交税费——地方教育附加	39.35	
贷：银行存款——08050000695876		432.85
借：应交税费——应交增值税（已交税金）	3 934.94	
贷：银行存款——61500201602986		3 934.94

【S】业务 8：

	借方	贷方
借：应付职工薪酬——工资	17 985	
管理费用——取暖补贴	10 000	
应交税费——应交个人所得税	15	
贷：库存现金		28 000

【S】业务 9：

	借方	贷方
借：库存商品——ϕ8 高线（14.63 吨）	34 386.75	
应交税费——应交增值税（进项税）	5 845.75	
贷：银行存款——1307700809001		40 232.50

【S】业务 10：

	借方	贷方
借：库存商品——ϕ10 高线（50.28 吨）	124 625.64	
应交税费——应交增值税（进项税）	21 186.36	
贷：银行存款——1307700809001		145 812

【S】业务 14：

	借方	贷方
借：银行存款——1307700809001	59 496	
贷：主营业务收入——ϕ8 高线		50 851.28
应交税费——应交增值税（销项税）		8 644.72

【S】业务 15：

	借方	贷方
借：银行存款——1307700809001	181 140	
贷：主营业务收入——ϕ10 高线		154 820.51
应交税费——应交增值税（销项税）		26 319.49

【S】业务 17：

	借方	贷方
借：库存商品——ϕ22 螺纹钢（50 吨）	128 205.13	

应交税费——应交增值税(进项税)	21 794.87	
贷:实收资本——铁荣公司		150 000
【S】**业务** 18:		
借:营业外支出——捐赠支出	30 000	
贷:库存商品——ф22 螺纹钢(10 吨)		25 641.03
应交税费——应交增值税(销项税)		4 358.97
【S】**业务** 19:		
借:管理费用——维修费	6 000	
贷:库存商品——ф22 螺纹钢(2 吨)		5 128.21
应交税费——应交增值税(进项税额转出)		871.79
【S】**业务** 20:		
借:待处理财产损溢——待处理流动财产损溢	105 000	
贷:库存商品——ф22 螺纹钢(35 吨)		89 743.59
应交税费——应交增值税(进项税额转出)		15 256.41
【S】**业务** 21:		
借:银行存款——1307700809001	3 500	
贷:其他业务收入——代销手续费		3 500
【S】**业务** 22:		
借:营业税金及附加	175	
贷:应交税费——应交营业税		175
【S】**业务** 23:		
借:营业税金及附加	475.96	
贷:应交税费——应交城建税		475.96
【S】**业务** 24:		
借:营业税金及附加	271.97	
贷:应交税费——教育费附加		203.98
应交税费——地方教育附加		67.99
(或将业务 25、26 合并编制分录)		
【S】**业务** 25:		
借:管理费用——印花税	61.70	
贷:应交税费——应交印花税		61.70
【S】**业务** 26:		
借:管理费用——印花税	75	
贷:应交税费——应交印花税		75
【S】**业务** 27:		
借:所得税费用	17 228.98	
贷:应交税费——企业所得税		17 228.98

三、应交税费明细账期末余额参考答案

各应交税费明细账期末余额见表5.5。

表5.5　应交税费明细账期末余额表

账户名称	2013.9	2013.10	2013.11	2013.12
应交税费-增值税-进项税	15 771.86(借)	69 781.83(借)	104 999.53(借)	153 826.51(借)
应交税费-增值税-销项税	17 203.91	73 632.68	112 785.31	152 108.49
应交税费-增值税-已交税金		1 432.05(借)	3 850.85(借)	7 785.79(借)
应交税费-增值税-进项税额转出				16 128.20
应交税费-城建税	100.24	169.32	275.45	475.96
应交税费-教育费附加	42.96	72.56	118.05	203.98
应交税费-地方教育费附加	14.32	24.19	39.35	67.99
应交税费-个人所得税				15
应交税费-营业税				175
应交税费-印花税				136.70
应交税费-企业所得税				17 228.98

往来业务会计岗位模拟实验

第六章

第一节　往来业务会计岗位职责和工作流程

一、往来业务会计岗位职责

(1)严格遵守银行结算制度和结算纪律的有关规定,负责办理本企业信贷业务。

(2)严格遵守各项内部财务制度和财经纪律。

(3)建立往来款项结算手续制度,认真执行往来款项结算、清算办法,积极了解客户资信情况,防止发生坏账损失。

(4)办理往来款项的核算工作,审查往来通知书并及时进行账务处理。

(5)及时登记往来款项结算的明细账,并经常核对余额,做到账账相符。

(6)及时与外单位对账,做到账实相符,为往来账款回收提供准确的信息。

(7)对长期未能收回的债权,应及时报告有关领导;对确实不能收回的款项,做好核销等相应工作。

二、往来业务会计岗位核算程序

往来业务会计工作流程如图 6.1 所示。

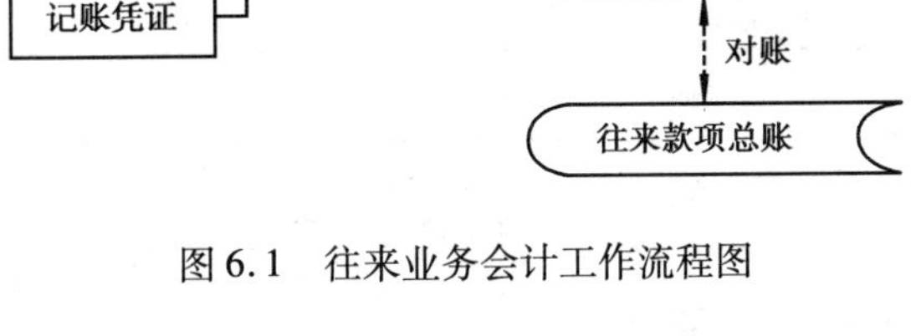

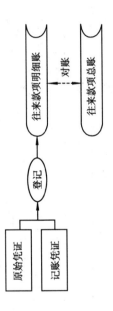

图 6.1　往来业务会计工作流程图

第二节 往来业务会计岗位模拟业务及要求

一、模拟业务

（一）石家庄华亨贸易有限公司2013年1月31日有关往来账户的期末余额（见表6.1）

表6.1 往来账户的期末余额见表

总账科目	明细账科目	借方余额	贷方余额
应收账款		**197 840**	
	石家庄正圆有限公司	46 800	
	龙城设备公司	40 950	
	顺发公司	73 710	
	光华公司	16 380	
	通达公司	20 000	
预付账款		**13 000**	
	河北顺邦有限公司	13 000	
应付账款			**175 500**
	承钢工贸公司		64 584
	河北华通材料公司		79 560
	中储物流中心		31 356
预收账款			**44 000**
	省电力邢台公司		26 000
	南通永丰建筑公司		18 000
坏账准备			**8 892**

特别说明：假设每季末计提坏账准备。

（二）2013年2月发生的业务

业务1：2日，从石家庄新铁公司购入ф8线材10吨，单价2 700元/吨，取得增值税专用发票注明的价款为27 000元，增值税税额为4 590元，发票等结算凭证已收到，货款尚未支付，材料已验收入库。

业务2：3 日，从河北顺邦有限公司购入 φ25 螺纹钢 10 吨，单价 3 000 元/吨；φ14 螺纹钢 10 吨，单价 2 500 元/吨；φ12 螺纹钢 10 吨，单价 2 000 元/吨，取得增值税专用发票注明的价款为 95 000 元，增值税税额为 16 150 元，发票等结算凭证已收到，剩余款项已通过银行转账支付，材料已验收入库（原预付 13 000 元）。

业务3：5 日，向省电力邢台公司销售 φ25 螺纹钢 5 吨，单价 3 500 元/吨，增值税税率为 17%，开具增值税专用发票 1 张（原预付货款 26 000 元）。

业务4：9 日，开出转账支票，支付前欠河北华通材料公司货款 79 560 元。

业务5：12 日，从中储物流中心购入 φ12 螺纹钢 20 吨，单价 2 100 元/吨；φ14 螺纹钢 20 吨，单价 2 400 元/吨，取得增值税专用发票注明的价款为 90 000 元，增值税税额为 15 300 元，发票等结算凭证已收到，货款尚未支付，材料已验收入库。

业务6：15 日，预收宏远机械加工有限公司钢材货款 120 000 元。

业务7：18 日，向南通永丰建筑公司销售 φ14 螺纹钢 30 吨，单价 3 000 元/吨；φ12 螺纹钢 20 吨，单价 2 500 元/吨，增值税税率为 17%，开具增值税专用发票 1 张（原预付货款 18 000 元）。

业务8：21 日，向顺发公司销售 φ8 线材 10 吨，单价 3 000 元/吨，增值税税率为 17%，开具增值税专用发票 1 张，货款尚未收到。

业务9：25 日，收到石家庄正圆有限公司签发的转账支票 1 张，金额为 46 800 元（归还前欠货款）。

业务10：28 日，从承钢工贸公司购入 φ25 螺纹钢 30 吨，单价 2 800 元/吨，取得增值税专用发票注明的价款为 84 000 元，增值税税额为 14 280 元，发票等结算凭证已收到，货款尚未支付，材料已验收入库。

（三）2013 年 3 月发生的业务

业务11：5 日，从中储物流中心购入 φ25 螺纹钢 5 吨；单价 3 000 元/吨；φ14 螺纹钢 10 吨，单价 2 400 元/吨，取得增值税专用发票注明的价款为 39 000 元，增值税税额为 6 630 元，发票等结算凭证已收到，货款尚未支付，材料已验收入库。

业务12：8 日，电汇给北京钢铁公司钢材款 15 000 元，15 天后发来货物。

业务13：11 日，向宏远机械加工有限公司销售 φ25 螺纹钢 10 吨，单价 3 600 元/吨，增值税税率为 17%，开具增值税专用发票 1 张（原预收货款 120 000 元）。

业务14：15 日，开出转账支票，支付前欠承钢工贸公司货款 162 864 元。

业务15：17 日，收到龙城设备公司签发的转账支票 1 张，金额为 40 950 元（归还前欠货款）。

业务16：18 日，从承钢工贸公司购入 φ25 螺纹钢 10 吨，单价 3 000 元/吨，取得增值税专用发票注明的价款为 30 000 元，增值税税额为 5 100 元，发票等结算凭证已收到，货款尚未支付，材料已验收入库。

业务17：21 日，向石家庄正圆有限公司销售 φ25 螺纹钢 20 吨，单价 3 500 元/吨；

ф14 螺纹钢 10 吨，单价 2 800 元/吨，增值税税率为 17%，开具增值税专用发票 1 张，货款尚未支付。

业务 18：23 日，从北京钢铁公司购入 ф25 螺纹钢 10 吨，单价 2 900 元/吨，取得增值税专用发票注明的价款为 29 000 元，增值税税额为 4 930 元，发票等结算凭证已收到，货款已预付 15 000 元，剩余款项暂欠，材料已验收入库。

业务 19：26 日，通达公司因经营不善倒闭，所欠货款 20 000 元经批准核销。

业务 20：31 日，按应收账款期末余额的 5% 计提坏账准备。

二、实验要求

通过实训，使学生掌握往来结算业务的核算程序与方法；掌握往来结算业务中总账与明细账的核对；掌握往来款项业务核算及坏账计提、确认、转销的账务处理，从而加强对所学会计理论和知识的理解与认识，完成从理论到实践的认知过程。

（1）根据期初余额表建立往来业务明细账。

（2）根据 2013 年 2、3 月企业发生的经济业务，编制记账凭证。

（3）根据记账凭证登记往来款项明细账并按月结账。

第三节 往来业务会计岗位业务指导与参考答案

一、记账凭证（会计分录）参考答案

（一）2013 年 2 月经济业务

业务 1：

借：库存商品——ф8 线材	27 000	
应交税费——应交增值税（进项税额）	4 590	
贷：应付账款——石家庄市新铁公司		3 1590

业务 2：

借：库存商品——ф25 螺纹钢	30 000	
——ф14 螺纹钢	25 000	
——ф12 螺纹钢	40 000	
应交税费——应交增值税（进项税额）	16 150	
贷：预付账款——河北顺邦有限公司		111 150

业务 3：

借：预收账款——省电力邢台公司	20 475	
贷：主营业务收入——ф25 螺纹钢		17 500
应交税费——应交增值税（销项税额）		2 975

业务4：

借：应付账款——河北华通材料公司　79 560
　贷：银行存款　　79 560

业务5：

借：库存商品——ϕ12 螺纹钢　4 200
　　　　　——ϕ14 螺纹钢　4 800
　应交税费——应交增值税（进项税额）　15 300
　贷：应付账款——中储物流中心　　105 300

业务6：

借：银行存款　120 000
　贷：预收账款——宏远机械加工有限公司　　120 000

业务7：

借：预收账款——南通永丰建筑公司　163 800
　贷：主营业务收入——ϕ14 螺纹钢　　90 000
　　　　　　　　——ϕ12 螺纹钢　　50 000
　　应交税费——应交增值税（销项税额）　　23 800

业务8：

借：应收账款——顺发公司　35 100
　贷：主营业务收入——ϕ8 线材　　30 000
　　应交税费——应交增值税（销项税额）　　5 100

业务9：

借：银行存款　46 800
　贷：应收账款——石家庄正圆有限公司　　46 800

业务10：

借：库存商品——ϕ25 螺纹钢　84 000
　应交税费——应交增值税（进项税额）　14 280
　贷：应付账款——承钢工贸公司　　98 280

（二）2013 年 3 月经济业务

业务11：

借：库存商品——ϕ25 螺纹钢　15 000
　　　　　——ϕ14 螺纹钢　24 000
　应交税费——应交增值税（进项税额）　6 630
　贷：应付账款——中储物流中心　　45 630

业务12：

借：预付账款——北京钢铁公司　15 000
　贷：银行存款　　15 000

业务 13：		
借：预收账款——宏远机械加工有限公司	42 120	
贷：主营业务收入——ф25 螺纹钢		36 000
应交税费——应交增值税（销项税额）		6 120
业务 14：		
借：应付账款——承钢工贸公司	162 864	
贷：银行存款		162 864
业务 15：		
借：银行存款	40 950	
贷：应收账款——龙城设备公司		40 950
业务 16：		
借：库存商品——ф25 螺纹钢	30 000	
应交税费——应交增值税（进项税额）	5 100	
贷：应付账款——承钢工贸公司		35 100
业务 17：		
借：应收账款——石家庄正圆有限公司	114 660	
贷：主营业务收入——ф25 螺纹钢		70 000
——ф14 螺纹钢		28 000
应交税费——应交增值税（销项税额）		16 660
业务 18：		
借：库存商品——ф25 螺纹钢	29 000	
应交税费——应交增值税（进项税额）	4 930	
贷：预付账款——北京钢铁公司		33 930
业务 19：		
借：坏账准备	20 000	
贷：应收账款——通达公司		20 000
业务 20：		
借：资产减值损失	30 390.5	
贷：坏账准备		30 390.5

二、往来账户期末余额参考答案

往来账户期末余额参考答案见表 6.2。

表 6.2　石家庄华亨贸易有限公司 2013 年 3 月 31 日有关往来账户的期末余额

总账科目	明细账科目	借方余额	贷方余额
应收账款		**239 850**	
	石家庄正圆有限公司	114 660	
	龙城设备公司		
	顺发公司	108 810	
	光华公司	16 380	
	通达公司		
预付账款			**117 080**
	河北顺邦有限公司		98 150
	北京钢铁公司		18 930
应付账款			**248 976**
	承钢工贸公司		35 100
	河北华通材料公司		
	中储物流中心		182 286
	石家庄新铁公司		31 590
预收账款		**62 395**	
	省电力邢台公司		5 525
	南通永丰建筑公司	145 800	
	宏远机械加工有限公司		77 880
坏账准备			**19 282.5**

特别说明：假设每季末计提坏账准备。

会计报表岗位模拟实验

第七章

第一节　会计报表岗位职责和工作流程

一、会计报表岗位职责

(1)利用日常会计核算资料,定期编制资产负债表、利润表、现金流量表。

(2)利用会计报表提供的信息,为企业内部经营管理者提供企业财务状况、经营成果及其变动的书面资料,综合分析偿债能力和经营状况,为改善内部经营管理服务。

(3)利用会计报表提供的资料,预测经济发展趋势,为企业管理当局进行经济决策提供科学准确的会计信息。

二、会计报表岗位工作流程

会计报表岗位工作流程如图 7.1 所示。

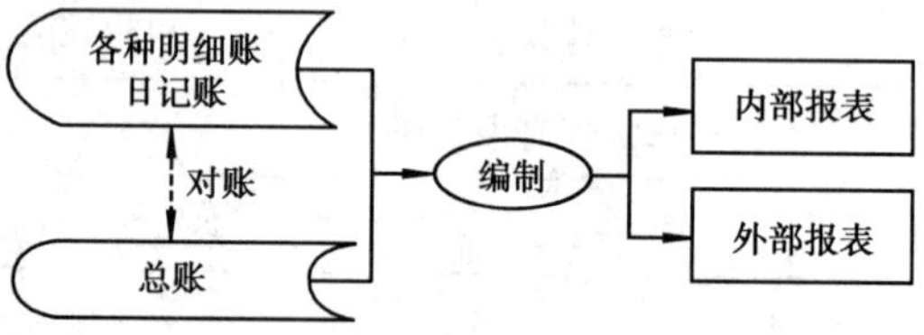

图 7.1　会计报表岗位工作流程图

第二节　会计报表岗位模拟业务及要求

一、模拟业务

会计报表岗位实验有关实验资料如下:

(1)石家庄华亨贸易有限公司 2013 年年末的科目余额表见表 7.1。

表 7.1　2013 年 12 月 31 日科目余额表　　单位:元

科目名称	借方余额	贷方余额	科目名称	借方余额	贷方余额
库存现金	3 000		短期借款		100 000
银行存款	750 000		应付票据		120 000
其他货币资金	350 000		应付账款		350 000
交易性金融资产	64 000		预收账款		60 000
应收票据	85 000		应付职工薪酬		18 000
应收账款	700 000		其他应付款		2 000
坏账准备		3 500	应交税费		123 000
预付账款	100 000		长期借款		1 420 000
其他应收款	5 000		长期应付款		1 100 000
在途物资	291 200		递延所得税负债		4 500
库存商品	500 000		实收资本		5 000 000
发出商品	350 000		资本公积		201 200
周转材料	50 000		盈余公积		510 000
存货跌价准备		75 000	利润分配		286 000
持有至到期投资	160 000				
持有至到期投资减值准备		40 000			
长期股权投资	340 000				
长期股权投资减值准备		60 000			
固定资产	5 500 000				
累计折旧		60 000			
在建工程	60 000				
工程物资	30 000				
无形资产	250 000				
累计摊销		80 000			
长期待摊费用	25 000				
合　计	9 613 200	318 500	合　计		9 294 700

(2)该公司2013年12月31日有关总分类账户所属明细账户的期末余额见表7.2。

(3)其他资料:“持有至到期投资”账户期末借方余额中有将于一年内到期的投资50 000元;“长期借款”账户期末贷方余额中有将于一年内到期的借款400 000元;“长期应付款”账户期末贷方余额中有将于一年内到期的应付款200 000元。

(4)石家庄华亨贸易有限公司2013年12月末结转前有关损益类账户本月发生额见表7.3。

表 7.2　总分类账户所属明细账户的期末余额表　　单位:元

总分类账户	明细分类账户	期末余额	
		借方	贷方
应收账款	石家庄正圆有限公司	875 000	
	龙城设备公司		175 000
应付账款	河北华通材料公司		400 000
	中储物流中心	50 000	
预付账款	北京钢铁公司	120 000	
	河北顺邦有限公司		20 000
预收账款	省电力邢台公司		40 000
	南通永丰建筑公司		20 000

表 7.3　2013 年 12 月末结转前有关损益类账户本月发生额　　单位:元

账户名称	借方发生额	贷方发生额
营业收入	12 000	512 000
营业成本	305 000	8 000
营业税金及附加	25 000	
其他业务收入		90 000
其他业务成本	40 000	
销售费用	15 000	
管理费用	4 000	
财务费用	1 000	
投资收益	20 000	160 000
营业外收入		30 000
营业外支出	7 000	
所得税费用	9 9660	

二、实验目的

通过实训,使学生熟悉会计报表岗位的基本职责;掌握会计报表的编制方法;掌握对外报送会计报表的程序、要求和方法,并能对报表所提供的会计信息进行简单加工和分析,满足内部经营管理的需要。

三、实验步骤及要求

(1)根据总账和明细账的余额、发生额编制资产负债表,见表 7.4。

(2)根据损益类账户的本期发生额和本年累计发生额编制利润表,见表 7.5。

表 7.4　资产负债表

2013 年 12 月 31 日　　　　会企 01 表

编制单位:石家庄华亨贸易有限公司　　　　单位:元

资产	期末余额	年初余额	负债和股东权益	期末余额	年初余额
流动资产:			流动负债:		
货币资金			短期借款		
交易性金融资产			交易性金融负债		
应收票据			应付票据		
应收账款			应付账款		
预付款项			预收款项		
应收利息			应付职工薪酬		
应收股利			应交税费		
其他应收款			应付利息		
存货			应付股利		
一年内到期的非流动资产			其他应付款		
其他流动资产			一年内到期的非流动负债		
流动资产合计			其他流动负债		
非流动资产:			流动负债合计		
可供出售金融资产			非流动负债:		
持有至到期投资			长期借款		
长期应收款			应付债券		
长期股权投资			长期应付款		
投资性房地产			专项应付款		
固定资产			预计负债		
在建工程			递延所得税负债		
工程物资			其他非流动负债		
固定资产清理			非流动负债合计		
生产性生物资产			负债合计		
油气资产			所有者权益		
无形资产			实收资本		
开发支出			资本公积		
商誉			减:库存股		
长期待摊费用			盈余公积		
递延所得税资产			未分配利润		
其他非流动资产			股东权益合计		
非流动资产合计					
资产合计			负债和权益合计		

表 7.5　利润表

2013 年 12 月

会企 02 表

编制单位:石家庄华亨贸易有限公司

单位:元

项　目	本期金额	上期金额(略)
一、营业收入		
减:营业成本		
营业税金及附加		
销售费用		
管理费用		
财务费用		
资产减值损失		
加:公允价值变动收益(损失以"-"号填列)		
投资收益(损失以"-"号填列)		
其中:对联营企业和合营企业的投资收益		
二、营业利润(亏损以"-"号填列)		
加:营业外收入		
减:营业外支出		
其中:非流动资产处置损失		
三、利润总额(亏损总额以"-"号填列)		
减:所得税费用		
四、净利润(净亏损以"-"号填列)		
五、每股收益		
(一)基本每股收益		
(二)稀释每股收益		

第三节　会计报表岗位业务指导与参考答案

一、资产负债表参考答案(见表 7.6)

表 7.6　资产负债表

2013 年 12 月 31 日　　会企 01 表

编制单位:石家庄华亨贸易有限公司　　单位:元

资　产	期末余额	年初余额	负债和股东权益	期末余额	年初余额
流动资产:			流动负债:		
货币资金	1 103 000		短期借款	100 000	
交易性金融资产	64 000		交易性金融负债		
应收票据	85 000		应付票据	120 000	
应收账款	871 500		应付账款	420 000	
预付款项	170 000		预收款项	235 000	
应收利息			应付职工薪酬	18 000	
应收股利			应交税费	123 000	
其他应收款	5 000		应付利息		
存货	1 116 200		应付股利		
一年内到期的非流动资产	50 000		其他应付款	2 000	
其他流动资产			一年内到期的非流动负债	600 000	
流动资产合计	3 464 700		其他流动负债		
非流动资产:			流动负债合计	1 618 000	
可供出售金融资产			非流动负债:		
持有至到期投资	70 000		长期借款	1 020 000	
长期应收款			应付债券		
长期股权投资	280 000		长期应付款	900 000	
投资性房地产			专项应付款		
固定资产	5 440 000		预计负债		
在建工程	60 000		递延所得税负债	4 500	
工程物资	30 000		其他非流动负债		
固定资产清理			非流动负债合计	1 924 500	
生产性生物资产			负债合计	3 542 500	
油气资产			所有者权益		
无形资产	170 000		实收资本	5 000 000	
开发支出			资本公积	201 200	
商誉			减:库存股		
长期待摊费用	25 000		盈余公积	510 000	
递延所得税资产			未分配利润	286 000	
其他非流动资产			股东权益合计	5 997 200	
非流动资产合计	6 075 000				
资产合计	9 539 700		负债和股东权益合计	9 539 700	

二、利润表参考答案(见表7.7)

表7.7 利润表

2013年12月

会企02表

编制单位:石家庄华亨贸易有限公司

单位:元

项　　目	本期金额	上期金额(略)
一、营业收入	590 000	
减:营业成本	337 000	
营业税金及附加	25 000	
销售费用	15 000	
管理费用	4 000	
财务费用	1 000	
资产减值损失		
加:公允价值变动收益(损失以"-"号填列)		
投资收益(损失以"-"号填列)	140 000	
其中:对联营企业和合营企业的投资收益		
二、营业利润(亏损以"-"号填列)	348 000	
加:营业外收入	30 000	
减:营业外支出	7 000	
其中:非流动资产处置损失		
三、利润总额(亏损总额以"-"号填列)	371 000	
减:所得税费用	99 660	
四、净利润(净亏损以"-"号填列)	271 340	
五、每股收益		
(一)基本每股收益		
(二)稀释每股收益		

第 三 篇

会计综合业务模拟实验

模拟单位基本情况

第八章

第一节　生产组织

一、公司基本情况

模拟核算对象,也就是进行会计模拟核算所引用的原型,如某集团、某公司、某厂矿、某企业等。了解模拟核算对象的组织机构,管理体制以及生产组织特点,是选择具体的核算方法,组织会计核算的前提条件。因为不同的行业以及同行业中不同企业都有自身的生产组织特点及经营管理特点,因而所采用的具体会计核算方法(特别是成本核算方法)就有所不同。例如,商业企业的成本核算内容与工业不同,即使是同行企业因其生产组织和管理要求不同,在成本核算方法的选择上,又分别采用品种法、分批法、分步法、分类法及各基本方法的组合。

本次模拟的原型是一家独立核算的中型工业企业——石家庄新华机电配件股份有限公司。该公司的办公地址是石家庄市槐南路 188 号;开户银行为石家庄市工商行长安分行桥东支行, 账号 11-8868-228 。该公司税务专管局是石家庄市工商税务管理局长安分局桥东税务所,增值税税务登记号为 130150577012074 ,公司法人代表王华中。

二、公司生产组织

1. 管理部门

管理部门包括总经理办公室、总工程师办公室、行政办公室、生产部、销售部、人力资源部、财务部等职能部门,分工协助处理整个公司的行政管理及全面组织和管理全公司的供、产、销业务。

2. 仓库保管部门

仓库保管部门负责材料物资及自制半成品,产成品的收、发、保管工作,并登记相关的明细保管账户。

3. 基本生产车间

(1)基本生产一车间:生产甲、乙两种小机电产品(外售)。

(2)基本生产二车间:生产丙种机电产品的半成品——自制半成品(不对外销售)。

(3)基本生产三车间:将自制半成品加工成产成品丙。

4. 辅助生产车间

(1)供水车间:负责供应全公司的生产用水和生活用水。

(2)供电车间:负责供应全公司的生产用电和生活用电。

(3)机修车间:负责维修全公司的各种机器、设备,也可接受少量外部机修任务。

(4)车队:负责生产、经营、销售等的车辆运输工作。

三、产品生产工艺流程

第一车间大量大批单步骤生产甲、乙两种小机电产品,并作为本公司的产成品对外销售。生产工艺如图 8.1 和、8.2 所示。

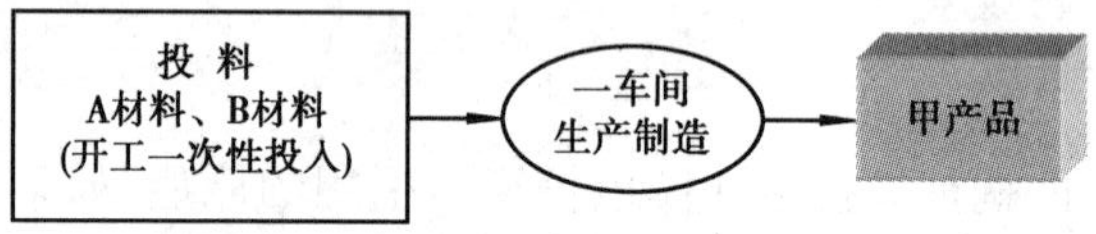

图 8.1　甲产品生产工艺图

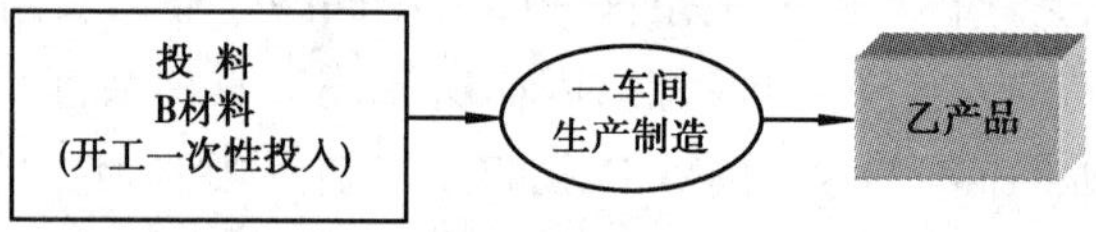

图 8.2　乙产品生产工艺图

第二车间、第三车间为两个连续加工车间,共同生产丙种机电产品。其中,第二车间加工完毕后形成丙产品的半成品——自制半成品(丙产品所需材料也是开工一次性投入),第三车间领用自制半成品,并将其深加工为产成品丙。生产工艺流程如图 8.3 所示。自制半成品经仓库收发,平时按定额成本收发,月末调整为实际成本,并计算和结转差异。

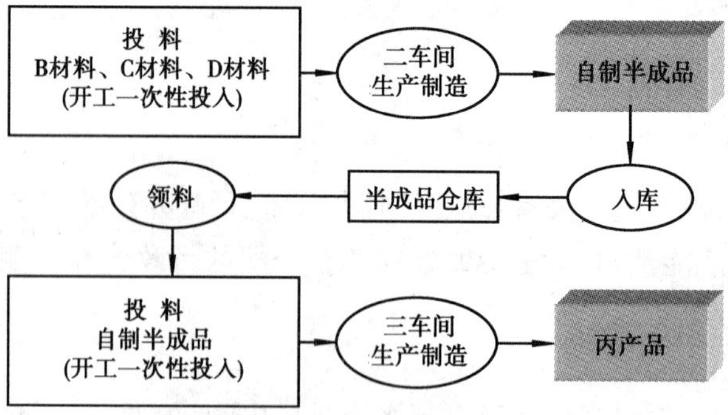

图 8.3　自制半成品及丙产品生产工艺图

四、企业生产与核算定额

1. 原材料及工时消耗定额（见表 8.1）

表 8.1　原材料及工时消耗定额

材料名称	A 材料	B 材料	C 材料	D 材料	单位产品定额工时
计划单价	100 元/千克	117.62 元/千克	40 元/千克	15 元/千克	
甲产品	2 千克	1.6 千克	—	—	20 工时
乙产品	—	1.3 千克	—	—	27 工时
自制半成品	—	1.1 千克	5 千克	10 千克	110 工时
丙产品	生产一个丙产品耗用自制半成品 1 件				90 工时

2. 单位产品定额成本表（见表 8.2）

表 8.2　单位产品定额成本表　　单位：元

成本项目 产品名称	直接材料	自制半成品	直接人工费	其他直接费	制造费用	合　计
甲	388.19	—	38.01	40.5	10.50	477.20
乙	152.90	—	32.10	20.00	11.00	216.00
自制半成品	479.38	—	161.32	80.00	40.50	761.20
丙	—	761.20	75.00	30.80	20.50	887.50

第二节　会计核算流程与会计岗位设置及岗位职责

一、会计核算流程

本公司采用科目汇总表核算组织程序组织日常的会计核算工作，该核算组织程序的主要工作内容和程序如下：

（1）根据原始凭证填制记账凭证。

（2）根据原始凭证或记账凭证登记各种明细分类账。

（3）根据记账凭证（或收款凭证和付款凭证）登记现金日记账和银行存款日记账。

（4）根据记账凭证定期按每一科目的借方和贷方发生额汇总，编制科目汇总表。

(5)根据科目汇总表定期登记总分类账。

(6)月终,将现金日记账、银行存款日记账和明细分类账的余额与总分类账的余额相核对。

(7)月终,根据总分类账和明细分类账的资料编制会计报表。

上述科目汇总表核算组织程序如图8.4所示。

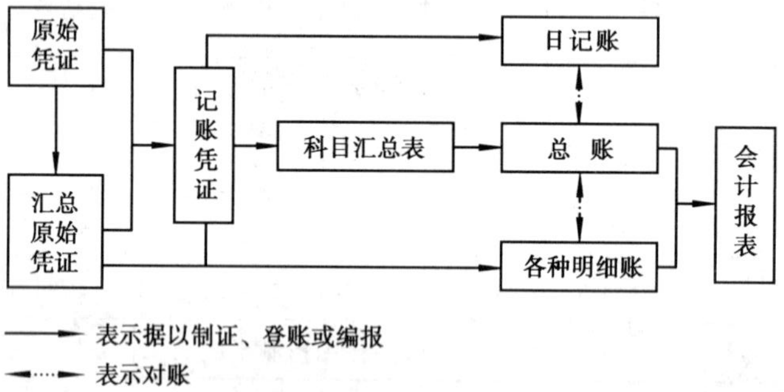

图8.4　科目汇总表核算组织程序

二、会计岗位设置及岗位职责

1. 财务部部长、副部长

(1)组织全公司的财务预算、计划工作,进行财务评价。

(2)审批费用支出凭证,审签财务报告,协调与上级或其他部门以及政府主管部门的关系。

2. 财务主管

(1)具体领导管理本企业的会计工作,组织、制订本企业的各项会计规章制度,组织编制和实施本企业的财务计划,参与经营决策。

(2)指导具体业务,组织财务处相关人员学习有关制度规范等。

3. 出纳

(1)主管现金收付和银行结算业务,登记现金和银行存款日记账。

(2)保管库存现金和各种有价证券,保管与其工作相关的印章、空白收据和空白支票。

4. 存货会计

负责各种存货采购成本的核算、存货的明细核算和相关的往来结算。

5. 成本核算会计

(1)负责建立、健全企业各项原始记录、消耗定额和计量检验的制度。

(2)制订各种费用、成本计划;加强各种成本和费用管理的基础工作。

(3)负责审核各项费用开支,并要正确计算产品成本,编制成本报表等。

6. 总账报表会计

(1)主要负责登记总账,编制资产负债表、利润表和现金流量表等,并负责管理会计凭证和各种报表。

（2）分析企业的财务状况和经营成果，编写财务状况说明书并进行财务预测和决策，为经营活动提供分析资料和决策依据。

第三节　公司内部会计核算制度

一、会计核算原则

（1）遵照《公司法》《企业会计准则》《企业财务通则》组织公司的财务管理活动。

（2）依照《中华人民共和国会计法》《企业会计制度》《会计基础工作规范》以及石家庄新华机电配件股份有限公司自己制订的《成本费用核算办法》等相关规定，组织会计核算并提供信息。

二、会计核算制度与方法

（1）本公司采用借贷记账法。依据《企业会计制度》使用规范的会计科目名称和编号（见表 8.3），设置总分类账、现金日记账、银行存款日记账以及各种成本费用账、物资管理明细账和相应的数量卡片保管账、备查簿等记录归纳公司的会计信息。

（2）公司采用科目汇总表核算组织程序，记账凭证编号每月分别自 001 开始连续编号。每月 15 日、30 日、31 日编制科目汇总表，并登记总账及明细账。

（3）公司设置“生产成本”总分类科目，下设“基本生产成本”“辅助生产成本”明细科目。按车间和产品名称设置所属成本明细账；辅助车间的制造费用不独立核算，直接归集在“辅助生产成本”科目。辅助生产费用分配采用直接对外分配的方法。

（4）公司产品成本项目分为直接材料（自制半成品）、直接人工、其他直接费（燃料及动力费）、制造费用 4 项。

（5）原材料的日常收发按计划成本核算，材料成本差异率按个别材料计算，采购材料的运杂费用应直接计入采购成本，不能直接计入的按所采购材料的质量比例分配计入各自材料的采购成本；包装物按实际成本法核算，发出包装物按先进先出法计价。

（6）自制半成品、产成品日常按定额成本收发，月末调整定额成本与实际成本的差异，销售商品（产品）平时只计数量，月末按全月一次加权平均法计算结转其实际领用或销售成本。

（7）甲产品、乙产品成本计算方法采用品种法，丙产品成本计算采用综合结转分步法，不要求对当月完工的产成品进成本还原。

（8）期末完工产品与在产品成本计算采用定额比例法。

（9）低值易耗品（周转材料）摊销方法：办公用品类（含办公桌、文件柜、电风扇、计算器等）领用当月即全额摊销，以后年度和月份不再进行推销。工具类也采用领用当月即全额摊销，以后年度和月份不再进行摊销的方法。

(10)周转使用的出租、出借包装物按分次摊销法(分两次摊销：领用和报废时)核算。

(11)公司所用水(热水)、电全部外购，月末分车间、部门统计水耗(立方米)、电耗(度数)并按照耗用量分配水费和电费。

(12)每月按工资总额(工资表的前两项之和)计提由单位负担的各项保险金和住房公积金。其中，医疗保险费7.5%(个人负担2%)、养老保险费20%(个人负担8%)、失业保险费2%(个人负担1%)、住房公积金15%(个人负担10%)，并按工资总额的2%计提工会经费，1.5%提取职工教育经费。

(13)公司采用直线法计提折旧，每月月末计提固定资产折旧。

(14)公司采用直线法摊销无形资产的价值，每月末进行无形资产摊销的账务处理。

(15)年末分析应收款项余额按2%计提坏账准备金。

(16)每月末组织资产清查盘点工作并就财产清查的结果进行相应的账务处理，盘亏原材料分摊材料成本差异按上月材料成本差异率计算(材料成本差异分配率保留到小数点后六位)。

(17)每月5日前交纳上月的各种税款：营业税(税率依据不同应税项目而定)、增值税(17%)、城市建设维护税(7%)、教育费附加费(4%)、所得税(25%)。

(18)所得税采用纳税影响会计法核算。

(19)本公司所用定额资料年度内不调整。

表8.3　公司适用的企业统一会计科目

序　号	编　号	会计科目名称
		资　产　类
1	1001	库存现金
2	1002	银行存款
3	1012	其他货币资金
4	1101	交易性金融资产
5	1121	应收票据
6	1122	应收账款
7	1123	预付账款
8	1124	应收股利
9	1132	应收利息
10	1221	其他应收款
11	1231	坏账准备
12	1321	代理业务资产

续表

序　号	编　号	会计科目名称
资　产　类		
13	1401	材料采购
14	1402	在途物资
15	1403	原材料
16	1404	材料成本差异
17	1405	库存商品
18	1406	发出商品
19	1407	商品进销差价
20	1408	委托加工物资
21	1411	周转材料
22	1461	融资租赁资产
23	1471	存货跌价准备
24	1501	持有至到期投资
25	1502	持有至到期投资减值准备
26	1503	可供出售金融资产
27	1511	长期股权投资
28	1512	长期股权投资减值准备
29	1521	投资性房地产
30	1531	长期应收款
31	1532	未实现融资收益
32	1601	固定资产
33	1602	累计折旧
34	1603	固定资产减值准备
35	1604	在建工程
36	1605	工程物资
37	1606	固定资产清理
38	1701	无形资产
39	1702	累计摊销
40	1703	无形资产减值准备
41	1711	商誉

续表

序　号	编　号	会计科目名称
资　产　类		
42	1801	长期待摊费用
43	1811	递延所得税资产
44	1901	待处理财产损溢
负　债　类		
45	2001	短期借款
46	2101	交易行金融负债
47	2201	应付票据
48	2202	应付账款
49	2203	预收账款
50	2211	应付职工薪酬
51	2221	应交税费
52	2231	应付利息
53	2232	应付股利
54	2241	其他应付款
55	2314	代理业务负债
56	2401	递延收益
57	2501	长期借款
58	2502	应付债券
59	2701	长期应付款
60	2702	未确认融资费用
61	2711	专项应付款
62	2801	预计负债
63	2901	递延所得税负债
所有者权益类		
64	4001	实收资本
65	4002	资本公积
66	4101	盈余公积
67	4103	本年利润
68	4104	利润分配

续表

序　号	编　号	会计科目名称
所有者权益类		
69	4201	库存股
成　本　类		
70	5001	成本类
71	5101	制造费用
72	5201	劳务成本
73	5301	研发支出
74	5401	工程施工
75	5402	工程结算
76	5403	机械作业
损　益　类		
77	6001	主营业务收入
78	6011	利息收入
79	6051	其他业务收入
80	6101	公允价值变动损溢
81	6111	投资收益
82	6301	营业外收入
83	6401	主营业务成本
84	6402	其他业务成本
85	6403	营业税金及附加
86	6601	销售费用
87	6602	管理费用
88	6603	财务费用
89	6701	资产减值损失
90	6702	营业外支出
91	6501	所得税费用
92	6901	以前年度损溢调整

第四节 公司主要客户与供应商

一、公司的主要客户

(1)胜利一公司
(2)华建公司
(3)亚东商场
(4)三达公司
(5)艾达公司
(6)华达公司
(7)美达公司
(8)华西机电商场
(9)华联商场
(10)河南开封机电公司
(11)市五交化商场
(12)美华股份公司
(13)金宝公司
(14)实达商场
(15)得利公司

二、公司的主要供应商

(1)华冀箱包公司
(2)永利公司
(3)广州包装箱公司
(4)市第一箱包公司
(5)市供电公司
(6)市供水公司
(7)胜利二公司
(8)天缘公司
(9)市舒达海绵公司
(10)意达公司
(11)大连钢铁公司
(12)西安钢铁公司
(13)上海美华公司

(14)华山商场
(15)天起公司
(16)光明公司

三、公司客户及供应商结算相关基本资料

(1)公司客户结算相关基本资料(见表8.4)。
(2)公司供应商结算相关基本资料(见表8.5)。

表8.4　公司客户结算相关基本资料

单位名称	开户银行	银行账号	单位电话	税务登记号
胜利一公司	张家口市工行桥东支行	4588-018	(0313)88636031	130882573636341
华建公司	石家庄市工行裕华支行	6-3311-112	(0311)85887652	130350586025081
三达公司	工行富强支行	47-4938-99	(0311)86982513	130189456027097
艾达公司	工行槐底支行	33-1933-448	(0311)86528790	130139311881676
华达公司	工行裕华支行	60-3838-121	(0311)88561429	130138670983928
美达公司	工行中华支行	25-2401-113	(0311)87878788	130882396378527
华西机电商场	工行青园支行	34-6768-339	(0311)88635247	130131589027061
华联商场	工行街道口支行	12-8425-331	(0311)87893225	130112577008051
河南开封机电公司	开封市工商行	18-8425-531	(0371)66983124	180345568045059
市五交化商场	工行中华支行	31-7749-43	(0311)87874336	130115588116092
美华股份公司	市工行建设路支行	18-81451-465	(0311)87344452	130925866378293
实达商场	工行长安支行	47-8676-932	(0311)87473714	130188588028098
市五交化公司	工行和平路支行	45-4657-121	(0311)87842537	130960789521121

表8.5　公司供应商结算相关基本资料

单位名称	开户银行	银行账号	单位电话	税务登记号
华冀箱包公司	工行建华支行	21-2256-101	(020)85885794	132563874590112
永利公司	工行翟营支行	65-1021-118	(0311)86053217	130150588025080
广州包装箱公司	工行越秀支行	168-3343-999	(020)86053219	210150588025080
市第一箱包公司	工行桥东支行	21-8425-331	(0311)85865566	131241688022068
市供电公司	工商行桥东支行	12-3856-191	(0311)86942750	131251688022085
市供水公司	工商行桥东支行	14-3856-198	(0311)85867758	131258998011022
胜利二公司	工行保定市支行	36-7879-193	(0312)85967341	131891733256699

续表

单位名称	开户银行	银行账号	单位电话	税务登记号
天缘公司	工行桥东支行	21-3856-191	(0311)85867711	131251688022085
市舒达海绵公司	工行裕华支行	12-3254-123	(0311)85832254	130788356108888
意达公司	杭州市工行裕华支行	21-3856-292	(0311)85861717	130324688912772
大连钢铁公司	大连市工行桥东支行	121-3856-19101	(0411)85876143	231251688022085
西安钢铁公司	西安市工行桥东支行	31-3856-911	(029)86758154	161251688022085
上海美华公司	上海市工行虹桥支行	65-7219-128	(021)86053423	130954578812770
华山商场	工行翟营支行	65-7859-128	(0311)86423052	130950578012070

模拟单位期初财务数据

第九章

第一节　总账及明细账期初数据

一、总分类账户及所属明细分类账户余额

石家庄新华机电配件股份有限公司 2013 年 12 月末有关总分类账户及所属明细分类账户余额见表 9.1。

表 9.1　总分类账户及所属明细分类账户余额

总分类账户	明细分类账户	借方余额		贷方余额
		数量	金　额	金　额
一、资产类账户				
库存现金			**7 065.70**	
银行存款			**8 920 447.95**	
交易性金融资产			**1 160 000**	
	华电债券*		680 000	
	华药债券(成本)*		480 000	
应收账款			**1 096 000**	
	胜利一公司*		50 000	
	华建公司*		50 000	
	三达公司*		100 000	
	金宝公司*		800 000	
	得利公司*		96 000	
预付账款			**416 000**	
	永利公司*		100 000	
	天缘公司*		310 000	

续表

总分类账户	明细分类账户	借方余额		贷方余额
		数量	金　额	金　额
	意达公司*			50 000
	天起公司*		50 000	
	报刊费*		6 000	
其他应收款			**20 000**	
	张平		500	
	张玲		1 600	
	陈达		2 000	
	谢平		400	
	保险公司		15 500	
坏账准备				**70 000**
材料采购			**2 280 000**	
	A 材料		475 000	
	B 材料		1 380 000	
	C 材料		200 000	
	D 材料		225 000	
原材料			**1 038 000**	
	A 材料	1 065 千克	106 500	
	B 材料	7 430.7 千克	874 000	
	C 材料	100 千克	4 000	
	D 材料	366.7 千克	5 500	
	F 材料	2 000 千克	48 000	
材料成本差异				**40 000**
	A 材料			6 000
	B 材料			4 000
	C 材料			15 000
	D 材料			15 000
周转材料			**316 000**	

续表

总分类账户	明细分类账户		借方余额		贷方余额
			数量	金　额	金　额
		办公桌	40 张	16 000	
	低值易耗品	文件柜	10 个	10 000	
		电风扇	40 台	12 000	
		计算器	10 个	3 600	
		工具	596 套	238 400	
	包装物	木箱	2 000 个	12 000	
		纸箱	2 000 个	24 000	
库存商品				**3 598 856**	
	甲产品		550 件	273 256	
	乙产品		540 件	113 216	
	丙产品		3 650 件	3 212 384	
生产成本				**6 302 144**	
	基本——甲			266 000	
	基本——乙			105 000	
	基本——自制半成品			94 733.10	
	基本——丙			234 266.90	
	自制半成品		7 320 件	5 602 144	
存货跌价准备	工具*				**59 600**
工程物资	钢材(2 000 元/吨)		200 吨	**400 000**	
在建工程	三车间扩建			**4 900 000**	
无形资产				**300 000**	
	专利权——甲*			180 000	
	专利权——乙*			120 000	
累计摊销					**216 000**
	专利权——甲				144 000
	专利权——乙				72 000
固定资产	详见台账			**30 200 000**	
累计折旧	详见台账				**4 200 000**

续表

总分类账户	明细分类账户	借方余额		贷方余额
		数量	金　额	金　额
二、负债类账户				
短期借款				**500 000**
	工商银行*			300 000
	农业银行*			200 000
应付账款				**2 000 000**
	光明公司*			500 000
	胜利二公司*			1 500 000
预收账款				**7 000 000**
	华西机电商场*			5 000 000
	亚东商场*			2 000 000
应付职工薪酬				**2 613 210.25**
	应付工资			1 808 450
	住房公积金			271 267.50
	养老保险金			361 690
	医疗保险金			135 633.75
	失业保险金			36 169
应交税费				**24 103.40**
	城建税			490.00
	未交增值税			6 333.40
	所得税			17 000.00
	教育费附加			280.00
应付利息				**3 929 000**
	短期借款利息*			9 000
	长期借款利息*			3 920 000
其他应付款				**28 000**
	工会经费			10 000
	临时工押金			2 000
	包装物押金			3 000

续表

总分类账户	明细分类账户	借方余额		贷方余额
		数量	金　额	金　额
	应付工资			13 000
长期借款	本金*			**14 000 000**
三、所有者权益				
股本				**11 145 600**
资本公积				**4 600 000**
盈余公积				**7 800 000**
	法定公积金			3 400 000
	任意盈余公积			4 400 000
利润分配	未分配利润			**2 729 000**
合　计			**60 954 513.65**	**60 954 513.65**

注：凡标记 * 的账户需参阅本章第二节备查数据。

二、固定资产统计

固定资产所属明细分类账户余额见表 9.2。

表 9.2　固定资产所属明细分类账户余额

类　别	名称及数量	原　值	累计折旧年初数	使用部门
房屋及建筑物月折旧率 0.167%	办公用房	2 744 000	109 720	公司管理部门
	厂房 A	1 600 000	64 000	一车间
	厂房 B	1 600 000	64 000	二车间
	厂房 C	1 600 000	64 000	三车间
	厂房 D	600 000	24 000	供水车间
	厂房 E	600 000	24 000	供电车间
	厂房 F	900 000	36 000	机修车间
	厂房 G	800 000	32 000	车　队
机器设备月折旧率 0.811%	Ⅺ型机床 100 台	2 800 000	544 880	一车间
	Ⅻ型机床 100 台	3 200 000	622 720	二车间
	XⅢ 型机床 100 台	3 800 000	739 480	三车间

续表

类　别	名称及数量	原　值	累计折旧年初数	使用部门
运输工具月折旧率0.833%	丰田轿车10辆	1 500 000	300 000	车　队
	夏利轿车10辆	850 000	170 000	销售部
	奥迪轿车10辆	1 900 000	380 000	管理部门
	东风货车20辆	1 800 000	360 000	车　队
辅助设备月折旧率0.667%	机修设备	1 000 000	160 000	机修车间
	配电设备	1 100 000	176 000	供电车间
	供水设备	800 000	128 000	供水车间
办公设备月折旧率0.833%	熊猫彩电100台	230 000	46 000	见表底附注*
	微型计算机50台	300 000	60 000	公司管理部门
	打印机30台	120 000	24 000	公司管理部门
	复印机10台	356 000	71 200	公司管理部门
合　计		30 200 000	4 200 000	

注：* 彩电100台分别由下列单位使用：公司管理部门20台，销售部门10台，生产车间各10台。

三、生产成本统计

生产成本所属明细分类账户余额见表9.3。

表9.3　生产成本所属明细分类账户余额

成本项目 / 产品名称	直接材料	自制半成品	直接人工费	其他直接费	制造费用	合　计
甲	232 914.00	—	14 128.70	15 054.30	3 903.00	266 000.00
乙	91 740.00	—	6 745.60	4 202.90	2 311.50	105 000.00
自制半成品	67 113.20	—	15 810.20	7 840.40	3 969.30	94 733.10
丙	—	228 360.00	3 507.70	1 440.50	958.70	234 266.90
合　计						700 000.00

四、月初在产品统计

2014年1月初在产品数量及加工进度明细表见表9.4。

表9.4　2014年1月初在产品数量及加工进度明细表

在产品名称	甲	乙	自制半成品	丙
在产品数量(件)	600	600	140	300
在产品加工进度/%	60	40	20	15

第二节　备查簿数据

一、交易性金融资产

● 交易性金融资产——华电债券。

发行日期2013年3月16日，票面年利率为4.9%，期限10个月。公司于发行日按面值购买该债券。

● 交易性金融资产——华药债券（成本）。

发行日期2013年12月1日，票面年利率为5.0%，半年期。公司于发行日按面值购买该债券。

二、应收账款

- 胜利一公司（2013年3月18日发生，已过收款期）。
- 华建公司（2013年5月21日发生，已过收款期）。
- 三达公司（2013年3月28日发生，已过收款期）。
- 金宝公司（2013年8月26日发生，已过收款期）。
- 得利公司（2012年9月30日发生，已过收款期）。
- 美达公司（2009年5月10日发生，已作为坏账核销）。

三、存货跌价准备

截至2013年12月31日，工具每件跌价100元。

四、预付账款

- 永利公司（2013年11月17日发生，正常往来）。
- 天缘公司（2013年12月11日发生，正常往来）。
- 意达公司（2013年12月11日发生，正常往来）。
- 报刊费（2013年12月26日预付2014年的报刊费用，分12个月摊销）。

五、无形资产

- 专利权——甲，2010年1月9日购入，原价180 000元，摊销期60个月。
- 专利权——乙，2011年1月3日购入，原价120 000元，摊销期60个月。

六、短期借款

● 工商银行流动资金贷款，2013年12月26日借入，本金300 000元，期限6个月，年利率为6%，利随本清。

- 农业银行流动资金贷款,2013 年 4 月 1 日借入,本金 200 000 元,期限 9 个月,年利率为 3% ,利随本清。

七、应付账款

- 光明公司(2013 年 10 月 16 日发生,正常往来)。
- 胜利二公司(2013 年 12 月 11 日发生,正常往来)。

八、预收账款

- 华西商场(2013 年 12 月 22 日发生,正常往来)。
- 亚东商场(2013 年 12 月 26 日发生,正常往来)。

九、应付利息

- 农业银行流动资金贷款利息已于 2013 年 12 月 31 日预提 9000 元。
- 石家庄市工商银行长期借款 14 000 000 元的利息已预提 3.5 年共 3 920 000 元未实际支付。

十、长期借款

- 石家庄市工商银行长期借款 14 000 000 元,借款日期 2010 年 7 月 1 日,年利率 8% ,期限 8 年,每年末分期付息,到期还本。因取得借款后公司经营环境不佳,2010 年 12 月 25 日公司和银行达成谅解协议,同意 2010 年至 2013 年度的借款利息延期支付。首次付息日为 2014 年 1 月 16 日,付息金额为 300 万。

第三节　会计报表期初数据

一、利润表(见表 9.5)

表 9.5　利润表

2013 年 12 月　　会企 02 表

编制单位:石家庄新华机电配件股份有限公司　　单位:元

项　目	本期金额	上期金额
一、营业收入	7 510 780.16	
减:营业成本	4 543 618.89	
营业税金及附加	75 094.43	
销售费用	87 418.48	
管理费用	231 534.99	

续表

项　目	本期金额	上期金额
财务费用	86 530.97	
资产减值损失	-19 936	
加:公允价值变动收益(损失以"-"号填列)	32 000	
投资收益(损失以"-"号填列)	116 800	
其中:对联营企业和合营企业的投资收益		
二、营业利润(亏损以"-"号填列)	2 655 318.4	
加:营业外收入		
减:营业外支出	8 284.64	
其中:非流动资产处置损失		
三、利润总额(亏损以"-"号填列)	2 647 033.76	
减:所得税费用	661 758.44	
四、净利润(净亏损以"-"号填列)	1 985 275.32	
五、每股收益		
(一)基本每股收益		
(二)稀释每股收益		

二、资产负债表(见表9.6)

表9.6　资产负债表

2013年12月31日　　会企01表

编制单位:石家庄新华机电配件股份有限公司　　单位:元

资　产	期末余额	年初余额	负债和股东股益	期末余额	年初余额
流动资产:			流动负债:		
货币资金	8 927 513.65		短期借款	500 000	
交易性金融资产	1 160 000		交易性金融负债		
应收票据			应付票据		
应收账款	1 026 000		应付账款	2 050 000	
预付款项	466 000		预收款项	7 000 000	
应收利息			应付职工薪酬	2 613 210.25	
应收股利			应交税费	24 103.4	

续表

资　产	期末余额	年初余额	负债和股东股益	期末余额	年初余额
其他应收款	20 000		应付利息	3 929 000	
存货	13 435 400		应付股利		
一年内到期的非流动资产			其他应付款	28 000	
其他流动资产			一年内到期的非流动负债		
流动资产合计	**25 034 913.65**		其他流动负债		
非流动资产：			流动负债合计	**16 144 313.65**	
可供出售金融资产			非流动负债：		
持有至到期投资			长期借款	14 000 000	
长期应收款			应付债券		
长期股权投资			长期应付款		
投资性房地产			专项应付款		
固定资产	26 000 000		预计负债		
在建工程	4 900 000		递延所得税负债		
工程物资	400 000		其他非流动负债		
固定资产清理			非流动负债合计	**14 000 000**	
生产性生物资产			负债合计	**30 144 313.65**	
油气资产			股东权益：		
无形资产	84 000		股本	11 145 600	
开发支出			资本公积	4 600 000	
商誉			减:库存股		
长期待摊费用			盈余公积	7 800 000	
递延所得税资产			未分配利润	2 729 000	
其他非流动资产			股东权益合计	**26 274 600**	
非流动资产合计	**31 384 000**				
资产总计	**56 418 913.65**		负债和股东权益总计	**56 418 913.65**	

三、现金流量表(见表9.7,数据略)

表9.7　现金流量表

2013年12月

会企03表

编制单位:石家庄新华机电配件股份有限公司　　单位:元

项　目	本期金额	上期金额
一、经营活动产生的现金流量		
销售商品、提供劳务收到的现金		
收到的税费返还		
收到其他与经营活动有关的现金		
经营活动现金流入小计		
购买商品、接受劳务支付的现金		
支付给职工以及为职工支付的现金		
支付的各项税费		
支付其他与经营活动有关的现金		
经营活动现金流出小计		
经营活动产生的现金流量净额		
二、投资活动产生的现金流量		
收回投资收到的现金		
取得投资收益收到的现金		
处置固定资产、无形资产和其他长期资产收回的现金净额		
处置子公司及其他营业单位收到的现金净额		
收到其他与投资活动有关的现金		
投资活动现金流入小计		
购建固定资产、无形资产和其他长期资产支付的现金		
投资支付的现金		
取得子公司及其他营业单位支付的现金净额		
支付其他与投资活动有关的现金		
投资活动现金流出小计		
投资活动产生的现金流量净额		
三、筹资活动产生的现金流量		
吸收投资收到的现金		

续表

项　目	本期金额	上期金额
取得借款收到的现金		
收到其他与筹资活动有关的现金		
筹资活动现金流入小计		
偿还债务支付的现金		
分配股利、利润或偿付利息支付的现金		
支付其他与筹资活动有关的现金		
筹资活动现金流出小计		
筹资活动产生的现金流量净额		
四、汇率变动对现金及现金等价物的影响		
五、现金及现金等价物净增加额		
加:期初现金及现金等价物余额		
六、期末现金及现金等价物余额		

现金流量表附注:

补充资料	本期金额	上期金额
1. 将净利润调节为经营活动现金流量:		
净利润		
加:资产减值准备		
固定资产折旧、油气资产折耗、生产性生物资产折旧		
无形资产摊销		
长期待摊费用摊销		
处置固定资产、无形资产和其他长期资产的损失(收益以“-”号填列)		
固定资产报废损失(收益以“-”号填列)		
公允价值变动损失(收益以“-”号填列)		
财务费用(收益以“-”号填列)		
投资损失(收益以“-”号填列)		
递延所得税资产减少(增加以“-”号填列)		
递延所得税负债增加(减少以“-”号填列)		

续表

补充资料	本期金额	上期金额
存货的减少(增加以“-”号填列)		
经营性应收项目的减少(增加以“-”号填列)		
经营性应付项目的增加(减少以“-”号填列)		
其他		
经营活动产生的现金流量净额		
2. 不涉及现金收支的重大投资和筹资活动:		
债务转为资本		
一年内到期的可转换公司债券		
融资租入固定资产		
3. 现金及现金等价物净变动情况:		
现金的期末余额		
减:现金的期初余额		
加:现金等价物的期末余额		
减:现金等价物的期初余额		
现金及现金等价物净增加额		

模拟业务及相关凭证

第十章

第一节　日常经济业务相关凭证

一、总体步骤和要求

本节的基本要求是，对2014年1月石家庄新华机电配件股份有限公司的日常经济业务，按照科目汇总表核算组织程序的要求，进行一系列账务处理，具体内容包括：

（1）审核检查相关业务的外来原始凭证（包括增值税专用发票、普通发票；银行进账单、委托收款划款凭证等）。

（2）审查相关业务的自填、自制原始凭证（包括提供销售和劳务应向对方出具的增值税专用发票、普通销售发票；入库单、出库单；公司内部职工借款单、还款收据、差旅费报销单，等等）。

（3）根据审核后的外来及自制原始凭证填制记账凭证，针对不太熟悉的业务应该先编制会计分录底稿，确认正确无误后方可在正式的记账凭证上填写，以节约实验材料，并养成良好的工作习惯。

（4）交换人员审核已填制的记账凭证。

（5）依据经审核后的记账凭证，编制科目汇总表底稿（科目汇总表附表），在仔细核对没有业务遗漏、错误后，检验平衡，并编制正式的科目汇总表。

（6）科目汇总表编制完毕后，依据科目汇总表登记总分类账，依据科目汇总表所属记账凭证、原始凭证或汇总原始凭证登记相关日记账、明细账、备查簿。

（7）依此会计循环进行下一个科目汇总区间经济业务的系列相关会计处理。

二、业务原始凭证（见附录A）

2014年1月石家庄新华机电配件股份有限公司的日常经济业务共68笔，业务分别编号为业务（1）—业务（68），各项业务相关的原始凭证参见附录A。编制记账凭证时，应将对应的原始凭证裁剪下来，按要求粘贴在原始凭证粘贴单上，附在各记账凭证之后，于期末分段汇总后装订成册。

第二节　期末调整事项相关凭证

一、总体步骤和要求

本节的基本要求是，对2014年1月石家庄新华机电配件股份有限公司的期末综合业务，结合公司的具体会计制度、国家与地方的税务相关法律、法规、规章，进行一系列的期末核算和调整，基本内容包括如下：

（1）期末财产清查。

（2）计提长期借款利息以及其他长期债务的利息。

（3）摊销应由本月负担的预付费用。

（4）分配工资并计提由单位负担的各项保险金和住房公积金，包括医疗保险费、养老保险费、失业保险费及住房公积金等，并计提工会经费和职工教育经费。

（5）分配各种材料费用，编制材料费用分配表；以及材料成本差异的计算与分配。

（6）分配动力费用，编制费用分配表。

（7）分配辅助费用，编制费用分配表。

（8）计算制造费用，编制制造费用分配表。

（9）计算、结转完工产品成本。

（10）计算调整自制半成品、库存商品定额成本差异。

（11）计算本期销售成本。

（12）计算本期应交纳的其他税、费。

（13）月末计算应预缴的所得税，年终计算清缴所得税。

（14）计算本期应交的增值税并转至“应交税费-未交增值税”账户。

（15）期末结转损益类账户余额至“本年利润”账户（遇年终时还需进行利润分配相关账务处理）。

二、月度生产统计

（1）辅助生产车间劳务供应量统计表，见表10.1。

（2）基本生产车间投产及完工产量统计表，见表10.2。

表10.1　石家庄新华机电配件股份有限公司月度辅助生产车间劳务供应量统计表

2014年1月

供应单位 / 受益单位	供水车间/吨	供电车间/度	机修车间/工时	车队/车公里
供水车间	—	68 000	—	—
供电车间	16 000	—	—	—

续表

受益单位＼供应单位		供水车间/吨	供电车间/度	机修车间/工时	车队/车公里
机修车间		32 000	120 000	—	—
车　队		14 000	43 000	2 060	—
基本生产一车间	甲产品	383 500	543 210	—	—
	乙产品	141 730	378 900	—	—
	车间消耗	13 630	60 000	3 600	3 000
基本生产二车间:自制半成品		189 910	392 870	4 800	1 000
基本生产三车间:丙产品		284 860	404 110	6 300	3 500
管理部门		58 000	366 940	—	26 500
销售科		15 000	28 000	—	36 000
对外部加工/运输		—	—	1 240	18 000
合　计		1 148 630	2 405 030	18 000	88 000

表 10.2　石家庄新华机电配件股份有限公司月度生产产量统计表

2014 年 1 月

车　间	产　品	期初在产品		本月投产	完工产品	期末在产品	
		数量/件	加工进度/%	数量/件	数量/件	数量/件	加工进度/%
一车间	甲产品	600	60	4 080	4 250	430	30
	乙产品	600	40	6 538	6 600	538	40
二车间	自制半成品	140	20	2 800	2 580	360	50
三车间	丙产品	300	15	7 000	4 440	2 860	60

三、业务凭证(见附录 B)

2014 年 1 月石家庄新华机电配件股份有限公司的 1 月份期末经济业务共 14 笔，业务分别编号为业务(69)—业务(82)，各项业务相关的原始凭证参见附录 B。编制记账凭证时，应将对应的原始凭证裁剪下来，按要求粘贴在原始凭证粘贴单上，附在各记账凭证之后，于期末分段汇总后装订成册。

业务指导及参考答案

第十一章

第一节　日常经济业务指导

一、经济业务的会计分录

业务001：

借：银行存款	80 000	
贷：应收账款——胜利一公司		50 000
——华建公司		30 000

业务002：

借：应收账款——华建公司	93 600	
——三达公司	245 700	
贷：主营业务收入——甲产品		80 000
——丙产品		210 000
应交税费——应交增值税（销项税额）		49 300

业务003：

借：周转材料——包装物——塑钢箱——库存未用包装物	4 930	
应交税费——应交增值税（进项税额）	750	
贷：银行存款		5 680

业务004：

004-1/2 借：材料采购——A 材料	196 000	
应交税费——应交增值税（进项税额）	33 320	
贷：预付账款——永利公司		229 320
004-2/2 借：原材料——A 材料	200 000	
贷：材料采购——A 材料		196 000
材料成本差异——A 材料		4 000

业务 005：

借：应交税费——未交增值税	6 333.40	
——应交增值税（已交税金）	666.60	
——应交城建税	490	
——应交所得税	17 000	
——教育费附加	280	
贷：银行存款		24 770

业务 006：

借：原材料——A 材料	480 000	
——B 材料	1 374 977.80	
——C 材料	200 000	
——D 材料	228 000	
材料成本差异——B 材料	5 022.20	
贷：材料采购——A 材料		475 000
——B 材料		1 380 000
——C 材料		200 000
——D 材料		225 000
材料成本差异——A 材料		5 000
材料成本差异——D 材料		3 000

业务 007：

007-1/3 借：周转材料——包装物——塑钢箱——出租包装物	1 479	
贷：周转材料——包装物——塑钢箱——库存未用包装物		1 479
007-2/3 借：其他业务成本	739.50	
贷：周转材料——包装物——塑钢箱——包装物摊销		739.50
007-3/3 借：银行存款	1 200	
贷：其他应付款——包装物押金		1 200

业务 008：

借：交易性金融资产——华药股票—成本	200 000	
投资收益	8 000	
贷：银行存款		208 000

业务 009：

借：短期借款——农行	200 000	
应付利息——短期借款利息	9 000	
贷：银行存款		209 000

业务 010：

借：银行存款	200 000	
贷：预收账款——华达公司		200 000

业务011：

011-1/2 借：材料采购——C 材料	76 000	
应交税费——应交增值税（进项税额）	12 920	
贷：预付账款——永利公司		88 920
011-2/2 借：原材料——C 材料	80 000	
贷：材料采购——C 材料		76 000
材料成本差异——C 材料		4 000

业务012：

借：其他应收款——张平	600	
——李玲	800	
贷：库存现金		1 400

业务013：

借：其他货币资金——外埠存款	300 000	
贷：银行存款		300 000

业务014：

借：库存现金	9 000	
贷：银行存款		9 000

业务015：

015-1/2 借：应收账款——美达公司	8 000	
贷：坏账准备		8 000
015-2/2 借：银行存款	8 000	
贷：应收账款——美达公司		8 000

业务016：

借：银行存款	200 000	
贷：短期借款——工行		200 000

业务017：

借：生产成本——基本生产成本——甲产品——直接材料	627 693	
——乙产品——直接材料	388 146	
——丙产品——自制半成品	2 131 360	
——自制半成品——直接材料	613 315.60	
贷：原材料——A 材料		316 000
——B 材料		862 154.60
——C 材料		256 000
——D 材料		195 000
生产成本——自制半成品		2 131 360

业务018：

借：应收股利——华药股票	5 000	

贷:投资收益		5 000
业务 019:		
019-1/2 借:制造费用——一车间——修理费	60 000	
贷:周转材料——低值易耗品——工具		60 000
019-2/2 借:管理费用——低值易耗品摊销	2 000	
贷:周转材料——低值易耗品——办公桌		400
——文件柜		1 000
——电风扇		600
业务 020:		
借:周转材料——包装物——木箱——库存未用包装物	16 930	
应交税费——应交增值税(进项税额)	2 790	
贷:其他货币资金——外埠存款		19 720
业务 021:		
021-1/2 借:库存现金	1 270 795.50	
贷:银行存款		1 270 795.50
021-2/2 借:应付职工薪酬——应付工资	1 808 450	
——住房公积金	271 267.50	
——养老保险金	361 690	
——医疗保险金	135 633.75	
——失业保险金	36 169	
贷:其他应付款——代扣电费		73 500
——代扣水费		84 380
——应付工资		2 360
——住房公积金		452 112.5
——养老保险金		506 366
——医疗保险金		171 802.75
——失业保险金		54 253.50
库存现金		1 268 435.50
业务 022:		
借:销售费用——包装费	24 000	
贷:周转材料——包装物——纸箱——库存未用包装物		24 000
业务 023:		
借:周转材料——包装物——塑钢箱——库存未用包装物	8 200	
应交税费——应交增值税(进项税额)	1 394	
贷:应付账款——石市第一箱包公司		9 594
业务 024:		
借:预收账款——华西机电商场	2 389 140	

贷:主营业务收入——甲产品		1 182 000
——乙产品		860 000
应交税费——应交增值税(销项税额)		347 140
业务 025:		
借:应收账款——华联商场	269 100	
贷:主营业务收入——丙产品		230 000
应交税费——应交增值税(销项税额)		39 100
业务 026:		
借:在建工程——三车间扩建	20 000	
贷:工程物资——钢材		20 000
业务 027:		
027-1/2　借:银行存款	351 000	
贷:主营业务收入——丙产品		300 000
应交税费——应交增值税(销项税额)		51 000
027-2/2 借:销售费用——差旅	600	
贷:库存现金		600
业务 028:		
借:库存商品——甲产品	739 660	
——乙产品	496 800	
——丙产品	1 420 000	
生产成本——自制半成品	593 736	
贷:生产成本——基本生产成本——甲产品		739 660
——乙产品		496 800
——丙产品		1 420 000
——自制半成品		593 736
业务 029:		
029-1/2 借:材料采购——C 材料	82 000	
——D 材料	124 000	
应交税费——应交增值税(进项税额)	35 020	
贷:预付账款——天缘公司		241 020
029-2/2 借:原材料——C 材料	80 000	
——D 材料	120 000	
材料成本差异——C 材料	2 000	
——D 材料	4 000	
贷:材料采购——C 材料		82 000
——D 材料		124 000

业务 030:

030-1/2 借:材料采购——填充物 24 000
　　应交税费——应交增值税(进项税额) 4 080
　　贷:银行存款 28 080

030-2/2 借:原材料——填充物 21 600
　　材料成本差异——填充物 2 400
　　贷:材料采购——填充物 24 000

业务 031:

031-1/2 借:材料采购——A 材料 2 863 283.92
　　　　——B 材料 71 556.08
　　应交税费——应交增值税(进项税额) 498 218
　　贷:预付账款——意达公司 343 305.80
　　　银行存款 3 089 752.20

031-2/2 借:原材料——A 材料 2 800 000
　　　　——B 材料 70 572
　　材料成本差异——A 材料 63 283.92
　　　　——B 材料 984.08
　　贷:材料采购——A 材料 2 863 283.92
　　　　——B 材料 71 556.08

业务 032:

032-1/3 借:材料采购——A 材料 295 890.60
　　　　——B 材料 812 911.40
　　应交税费——应交增值税(进项税额) 188 373
　　贷:银行存款 1 295 775
　　　库存现金 1 400

032-2/3 借:管理费用——差旅费 600
　　库存现金 500
　　贷:其他应收款——张平 1 100

032-3/3 借:原材料——A 材料 300 000
　　　　——B 材料 823 340
　　贷:材料采购——A 材料 295 890.60
　　　　——B 材料 812 911.40
　　　材料成本差异——A 材料 4 109.40
　　　　——B 材料 10 428.60

业务 033:

033-1/4 借:材料采购——C 材料 210 744
　　　　——D 材料 70 744
　　应交税费——应交增值税(进项税额) 47 712

贷:银行存款		329 200
033-2/4 借:管理费用——差旅费	800	
贷:其他应收款——李玲		800
033-3/4 借:其他应付款——应付工资	860	
贷:库存现金		860
033-4/4 借:原材料——C 材料	200 000	
——D 材料	75 000	
材料成本差异——C 材料	10 744	
贷:材料采购——C 材料		210 744
——D 材料		70 744
材料成本差异——D 材料		4 256

业务 034：

034-1/2 借:材料采购——C 材料	144 709	
应交税费——应交增值税(进项税额)	24 486	
贷:银行存款		169 195
034-2/2 借:原材料——C 材料	140 000	
材料成本差异——C 材料	4 709	
贷:材料采购——C 材料		144 709

业务 035：

借:生产成本——辅助生产成本——机修——制造费用	46.40	
——车队——制造费用	46.40	
制造费用——一车间——机物料消耗	46.40	
生产成本——基本生产成本——自制半成品——制造费用	46.40	
——丙产品——制造费用	46.40	
应交税费——应交增值税(进项税额)	39.44	
贷:库存现金		271.44

业务 036：

借:银行存款	261 027	
财务费用——现金折扣	8 073	
贷:应收账款——华联商场		269 100
借:银行存款	1 000 000	
贷:预收账款——市五交化商场		1 000 000

业务 037：

037-1/3 借:应付账款——石市第一箱包公司	9 594	
贷:银行存款		9 114.30
财务费用——现金折扣		479.70
037-2/3 借:销售费用——广告费	8 000	

应交税费——应交增值税(进项税额)	480	
贷:银行存款		8 480
037-3/3 借:管理费用——业务招待费	6 000	
贷:银行存款		6 000
业务 038:		
借:生产成本——基本生产成本——自制半成品——制造费用	9 600	
——丙产品——制造费用	14 400	
贷:周转材料——低值易耗品——工具		24 000
业务 039:		
借:银行存款	124 000	
贷:交易性金融资产——华药股票——成本		100 000
投资收益		24 000
业务 040:		
040-1/3 借:其他应付款——工会经费	25 000	
贷:银行存款		25 000
040-2/3 借:库存现金	5 000	
贷:银行存款		5 000
040-3/3 借:应付账款——胜利二公司	50 000	
贷:银行存款		50 000
业务 041:		
借:其他应付款——应付工资	700	
管理费用——差旅费	480	
贷:库存现金		1 180
业务 042:		
借:银行存款	10 000	
贷:其他应收款——保险公司		10 000
业务 043:		
借:银行存款	5 000	
贷:应收股利——华药股票		5 000
业务 044:		
借:生产成本——基本生产成本——甲产品——直接材料	572 302.20	
——乙产品——直接材料	386 969.80	
——自制半成品——直接材料	658 430	
——丙产品——自制半成品	1 979 120	
贷:原材料——A 材料		300 000
——B 材料		835 102
——C 材料		272 000

——D 材料		210 000
生产成本——自制半成品		1 979 120
周转材料——包装物——木箱——库存未用包装物		600

16—30 日

业务 045：

借:银行存款	707 766.67	
贷:交易性金融资产——华电债券		680 000
投资收益——华电债券		27 766.67

业务 046：

借:库存商品——甲产品	1 002 120	
——乙产品	734 400	
——丙产品	2 343 000	
生产成本——自制半成品	913 440	
贷:生产成本——基本生产成本——甲产品		1 002 120
——乙产品		734 400
——丙产品		2 343 000
——自制半成品		913 440

业务 047：

借:应付利息——长期借款利息	3 000 000	
贷:银行存款		3 000 000

业务 048：

借:银行存款	159 000	
贷:其他业务收入		150 000
应交税费——应交增值税——(销项税额)		9 000

业务 049：

借:管理费用——办公费	218	
贷:库存现金		218

业务 050：

借:其他应付款——临时工押金	500	
贷:库存现金		500

业务 051：

借:预收账款——市五交化商场	7 592 715	
贷:主营业务收入——甲产品		848 000
——乙产品		703 000
——丙产品		4 938 500
应交税费——应交增值税(销项税额)		1 103 215

业务 052：

052-1/2 借：销售费用——展览费　　1 800
　　应交税费——应交增值税（进项税额）　　108
　　贷：银行存款　　1 908

052-2/3 借：管理费用——养路费　　1 050
　　销售费用——养路费　　1 050
　　生产成本——辅助生产成本——车队——其他直接费　　5 400
　　预付账款——预付养路费　　22 500
　　贷：银行存款　　30 000

052-3/3 借：管理费用——排污费　　2 000
　　贷：银行存款　　2 000

业务 053：

借：生产成本——辅助生产成本——车队——制造费用　　1 960
　贷：库存现金　　1 960

业务 054：

借：生产成本——辅助生产成本——车队——直接材料　　400
　贷：库存现金　　400

业务 055：

借：生产成本——辅助生产成本——供电车间——直接材料　　432 905.40
　应交税费——应交增值税（进项税额）　　73 593.92
　其他应付款——代扣电费　　73 500
　贷：银行存款　　579 999.32

业务 056：

借：生产成本——基本生产成本——甲产品——直接材料　　383 487.20
　　　　　　　　——乙产品——直接材料　　224 654.20
　　　　　　　　——自制半成品——直接材料　　82 286
　　　　　　　　——丙产品——自制半成品　　1 217 920
　贷：原材料——A 材料　　200 000
　　　　——B 材料　　443 427.40
　　　　——C 材料　　32 000
　　　　——D 材料　　15 000
　　生产成本——自制半成品　　1 217 920

业务 057：

借：生产成本——辅助生产成本——供水车间——直接材料　　172 294.50
　应交税费——应交增值税（进项税额）　　22 398.29
　其他应付款——代扣水费　　84 380
　贷：银行存款　　279 072.79

业务058：

借：应收票据——实达商场	210 600	
贷：主营业务收入——丙产品		180 000
应交税费——应交增值税（销项税额）		30 600

业务059：

借：制造费用——一车间——办公费	600	
生产成本——基本生产成本——自制半成品——制造费用	800	
——辅助生产成本——供电车间——制造费用	300	
贷：库存现金		1 700

业务060：

借：生产成本——辅助生产成本——供电车间——制造费用	8 800	
——机修车间——制造费用	9 600	
贷：周转材料——低值易耗品——工具		18 400

业务061：

061-1/3 借：生产成本——基本生产成本——丙产品——制造费用	308.18	
贷：累计折旧——XIII型机床		308.18
061-2/3 借：固定资产清理	30 297.02	
累计折旧——XIII型机床	7 702.98	
贷：固定资产——XIII型机床		38 000
061-3/3 借：待处理财产损溢——待处理流动资产损溢	5 555.56	
贷：原材料——A材料		5 000
材料成本差异——A材料		281.69
应交税费——应交增值税（进项税额转出）		837.25

业务062：

借：管理费用——报刊费	500	
贷：预付账款——报刊费		500

业务063：

借：库存现金	23 000	
贷：银行存款		23 000

业务064：

借：其他应收款——张宝玲	5 555.56	
贷：待处理财产损溢——待处理流动资产损溢		5 555.56

业务065：

065-1/4 借：固定资产清理	200	
贷：库存现金		200
065-2/4 借：库存现金	300	

贷:固定资产清理		300
065-3/4 借:银行存款	13 000	
贷:固定资产清理		13 000
065-4/4 借:营业外支出——固定资产清理损失	17 197.02	
贷:固定资产清理		17 197.02

业务066:

借:财务费用——利息支出	94 833.33	
在建工程——三车间扩建	500	
贷:应付利息——短期借款利息		2 000
——长期借款利息		93 333.33

业务067:

10只包装物验收入库:49.30×10=493

067-1/4 借:周转材料——包装物——塑钢箱——库存已用包装物	493	
贷:周转材料——包装物——塑钢箱——出租包装物		493

摊销5只报废包装物剩余成本:5×49.30÷2=123.25

067-2/4 借:其他业务成本	123.25	
贷:周转材料——包装物——塑钢箱——包装物摊销		123.25

核收塑钢箱毁损罚款和租赁费以及增值税:(5×30+750)×(1+17%)=1 053

067-3/4 借:其他应付款——包装物押金	1 053	
贷:其他业务收入		900
应交税费——应交增值税		153

5只报废包装物的成本与摊销额对冲:49.3×5=246.5

067-4/4 借:周转材料——包装物——塑钢箱——包装物摊销	246.5	
贷:周转材料——包装物——塑钢箱——出租包装物		246.5

业务068:

借:库存商品——甲产品	286 320	
——乙产品	194 400	
——丙产品	177 500	
生产成本——自制半成品	456 720	
贷:生产成本——基本生产成本——甲产品		286 320
——乙产品		194 400
——丙产品		177 500
——自制半成品		456 720

二、科目汇总表参考答案

1.2014年1月1日至2014年1月15日,科目汇总表01号,见表11.1。

2.2014年1月16日至2014年1月30日,科目汇总表02号,见表11.2。

表 11.1　科目汇总表第 01 号

科　目　汇　总　表

2014 年 1 月 1 日至 15 日

记账凭证第 001 号至 044 号　　　　汇字第 01 号

借方金额										会计科目	贷方金额										记账
千	百	十	万	千	百	十	元	角	分		千	百	十	万	千	百	十	元	角	分	√
	1	2	8	5	2	9	5	5	0	1001 库存现金		1	2	7	4	1	4	6	9	4	
	2	2	4	0	2	2	7	0	0	1002 银行存款		7	0	4	2	8	4	2	0	0	
		3	0	0	0	0	0	0	0	1012 其他货币资金				1	9	7	2	0	0	0	
		2	0	0	0	0	0	0	0	1101 交易性金融资产			1	0	0	0	0	0	0	0	
		6	1	6	4	0	0	0	0	1122 应收账款			3	5	7	1	0	0	0	0	
										1123 预付账款			9	0	2	5	6	5	8	0	
				5	0	0	0	0	0	1131 应收股利					5	0	0	0	0	0	
				1	4	0	0	0	0	1221 其他应收款				1	1	9	0	0	0	0	
										1231 坏账准备					8	0	0	0	0	0	
	4	9	7	1	8	3	9	0	0	1401 材料采购		7	2	5	1	8	3	9	0	0	
	7	1	9	3	4	8	9	8	0	1403 原材料		3	2	4	6	2	5	6	6	0	
			9	3	1	4	3	2	0	1404 材料成本差异				3	4	7	9	4	0	0	
	2	6	5	6	4	6	0	0	0	1405 库存商品											
			3	1	5	3	9	0	0	1411 周转材料			1	1	2	8	1	8	5	0	
			2	0	0	0	0	0	0	1604 在建工程											
										1605 工程物资				2	0	0	0	0	0	0	
		2	0	0	0	0	0	0	0	2001 短期借款			2	0	0	0	0	0	0	0	
			5	9	5	9	4	0	0	2202 应付账款					9	5	9	4	0	0	
	2	3	8	9	1	4	0	0	0	2203 预收账款		1	2	0	0	0	0	0	0	0	
	2	6	1	3	2	1	0	2	5	2211 应付职工薪酬											
		8	7	4	3	5	2	4	4	2221 应交税费			4	8	6	5	4	0	0	0	
				9	0	0	0	0	0	2231 应付利息											
			2	6	5	6	0	0	0	2241 其他应付款		1	3	4	5	9	7	4	7	5	
	7	9	7	5	2	5	8	2	0	5001 生产成本		7	3	6	0	6	7	6	0	0	
			6	0	0	4	6	4	0	5101 制造费用											
										6001 主营业务收入		2	8	6	2	0	0	0	0	0	
				8	0	0	0	0	0	6111 投资收益				2	9	0	0	0	0	0	
					7	3	9	5	0	6402 其他业务成本											
			3	2	6	0	0	0	0	6601 销售费用											
				9	8	8	0	0	0	6602 管理费用											
				8	0	7	3	0	0	6603 财务费用						4	7	9	7	0	
3	3	8	8	1	2	4	7	2	9	合　　计	3	3	8	8	1	2	4	7	2	9	

会计主管：　　　　记账：　　　　复核：　　　　制表：

表 11.2　科目汇总表第 02 号

科　目　汇　总　表

2014 年 1 月 16 日至 30 日

记账凭证第 045 号至 068 号　　　　汇字第 02 号

借方金额										会计科目	贷方金额									记账
千	百	十	万	千	百	十	元	角	分		千	百	十	万	千	百	十	元	角	分	√
			2	3	3	0	0	0	0	1001 库存现金					4	9	7	8	0	0	
		8	7	9	7	6	6	6	7	1002 银行存款		3	9	1	5	9	8	0	1	1	
										1101 交易性金融资产			6	8	0	0	0	0	0	0	
		2	1	0	6	0	0	0	0	1121 应收票据											
			2	2	5	0	0	0	0	1123 预付账款						5	0	0	0	0	
				5	5	5	5	5	6	1221 其他应收款											
										1403 原材料			6	9	5	4	2	7	4	0	
										1404 材料成本差异						2	8	1	6	9	
	4	7	3	7	7	4	0	0	0	1405 库存商品											
					7	3	9	5	0	1411 周转材料				1	9	2	6	2	7	5	
										1601 固定资产				3	8	0	0	0	0	0	
				7	7	0	2	9	8	1602 累计折旧						3	0	8	1	8	
					5	0	0	0	0	1604 在建工程											
			3	0	4	9	7	0	2	1606 固定资产清理				3	0	4	9	7	0	2	
				5	5	5	5	5	6	1901 待处理财产损溢					5	5	5	5	5	6	
	7	5	9	2	7	1	5	0	0	2203 预收账款											
			9	6	1	0	0	2	1	2221 应交税费		1	1	4	3	6	5	2	2	5	
	3	0	0	0	0	0	0	0	0	2231 应付利息				9	5	3	3	3	3	3	
		1	5	9	2	8	0	0	0	2241 其他应付款											
	3	9	1	1	2	7	5	4	8	5001 生产成本		7	3	2	5	8	2	0	0	0	
					6	0	0	0	0	5101 制造费用											
										6001 主营业务收入		6	6	6	9	5	0	0	0	0	
										6051 其他业务收入			1	5	0	9	0	0	0	0	
										6111 投资收益				2	7	7	6	6	6	7	
					1	2	3	2	5	6402 其他业务成本											
				2	8	5	0	0	0	6601 销售费用											
				3	7	6	8	0	0	6602 管理费用											
			9	4	8	3	3	3	3	6603 财务费用											
			1	7	1	9	7	0	2	6711 营业外支出											
2	0	8	0	3	1	9	9	5	8	合　计	2	0	8	0	3	1	9	9	5	8	

会计主管：　　记账：　　复核：　　制表：

第二节　期末调整事项业务指导

一、经济业务的会计凭证参考数据及会计分录

(一)期末经济业务的会计凭证参考数据

业务 069　附原始凭证 1 张,见 69-1/1

凭证 69-1/1

石家庄新华机电配件股份有限公司 票据利息费用计算表

2014 年 1 月 31 日

项　目 票据名称	票据面值/元	出票日	期限/天	票面利率/%	本月计息天数/天	本月应计利息/元
实达商场-银行承兑汇票	210 600	2014.1.22	70	11.88	9	625.48
合　计						625.48

财务主管：王强　　审核：王露　　制表：魏丽贤

业务 070　附原始凭证 1 张,见 70-1/1

凭证 70-1/1

石家庄新华机电配件股份有限公司 交易性金融资产期末价值变动表

2014 年 1 月 31 日

项　目 交易性资产名称	期初账面价值/元	期末公允价值/元	公允价值变动损益/元
半年期华药债券	480 000	520 000	40 000
合　计	480 000	520 000	40 000

财务主管：王强　　审核：李小露　　制表：魏丽贤

业务 071　附原始凭证 2 张，见 71-1/2，71-2/2

凭证 71-1/2

石家庄新华机电配件股份有限公司 已计提跌价准备存货公允价值调整计算表

2014 年 1 月 31 日

项目 / 存货名称	数量/套	每套公允价值回升金额/元	应转回已计提的跌价准备金额/元
周转材料（低值易耗品）——工具	320	80	25 600
（说明：部分工具保存完好，且市价回升）			
合　计			25 600

财务主管：王强　　审核：李小露　　制表：魏丽贤

凭证 71-2/2

石家庄新华机电配件股份有限公司 计提存货跌价准备明细表

2014 年 1 月 31 日

项目 / 存货名称	数量/套	每套跌价金额/元	应计提跌价准备金额/元
周转材料（低值易耗品）——工具	20	34	680
（说明：部分工具的第 7 号转接头自然老化需更新）			
合　计			680

财务主管：王强　　审核：李小露　　制表：魏丽贤

业务 072　附原始凭证 1 张，见 72-1/1

凭证 72-1/1

石家庄新华机电配件股份有限公司折旧费计算表

2014 年 1 月

使用部门	品　名	使用单位	原始价值	月折旧率/%	本月计提折旧额
房屋及建筑物月折旧率 0.167%	办公用房	公司管理部门	2 744 000	0.167	4 582.48
	厂房 A	一 车 间	1 600 000	0.167	2 672
	厂房 B	二 车 间	1 600 000	0.167	2 672
	厂房 C	三 车 间	1 600 000	0.167	2 672
	厂房 D	供水车间	600 000	0.167	1 002
	厂房 E	供电车间	600 000	0.167	1 002
	厂房 F	机修车间	900 000	0.167	1 503
	厂房 G	车 队	800 000	0.167	1 336
机器设备月折旧率 0.811%	Ⅺ 型机床 100 台	一 车 间	2 800 000	0.811	22 708
	Ⅻ 型机床 100 台	二 车 间	3 200 000	0.811	25 952
	XIII 型机床 99 台	三 车 间	3 762 000	0.811	30 509.82
运输工具月折旧率 0.833%	丰田轿车 10 辆	车 队	1 500 000	0.833	12 495
	夏利轿车 10 辆	销 售 部	850 000	0.833	7 080.50
	奥迪轿车 10 辆	管理部门	1 900 000	0.833	15 827
	东风货车 20 辆	车 队	1 800 000	0.833	14 994
辅助设备月折旧率 0.667%	机修设备	机修车间	1 000 000	0.667	6 670
	配电设备	供电车间	1 100 000	0.667	7 337
	供水设备	供水车间	800 000	0.667	5 336
办公设备月折旧率 0.833%	熊猫彩电 100 台	见注*	230 000	0.833	1 915.90*
	微型计算机 50 台	公司管理部门	300 000	0.833	2 499
	打印机 30 台	公司管理部门	120 000	0.833	999.60
	复印机 10 台	公司管理部门	356 000	0.833	2 965.48
合　计					174 730.78

注：* 彩电 100 台使用单位：公司管理部门 20 台，销售部门 10 台，3 个基本生产车间和 4 个辅助生产车间各 10 台。

业务 073　附原始凭证 1 张，见 73-1/1

凭证 73-1/1

石家庄新华机电配件股份有限公司 无形资产摊销表

2014 年 1 月 31 日

无形资产名称	来　源	原始价值/元	原价确认日期	分摊期/月数	本期分摊额/元
专利权——甲	外购	180 000	2009.1.9	60	3 000
专利权——乙	外购	120 000	2010.1.3	60	2 000
合　计					5 000

财务主管：王强　　审核：李小露　　制表：魏丽贤

业务 074 附原始凭证 2 张，见 74-1/2，74-2/2

凭证 74-1/2

石家庄新华机电配件股份有限公司 工资及福利费分配表

2014 年 1 月 31 日　　单位：元

项目 / 应借科目	工资			医疗保险 7.5%	养老保险 20%	住房公积金 15%	失业保险 2%	合计
	分配计入		直接计入					
	定额工时	分配金额						
生产成本-基本-甲产品-直接人工费	80 380	79 472.91		5 960.47	15 894.58	11 920.94	1 589.46	114 838.36
生产成本-基本-乙产品-直接人工费	177 530.40	175 527.09		13 164.53	35 105.42	26 329.06	3 510.54	253 636.64
	257 910.40	255 000						
生产成本-基本-自制半成品-人工费			331 080	24 831	66 216	49 662	6 621.60	478 410.60
生产成本-基本-自制半成品-制造费用			14 400	1 080	2 880	2 160	288	20 808
生产成本-基本-丙产品-直接人工费			321 600	24 120	64 320	48 240	6 432	464 712
生产成本-基本-丙产品-制造费用			19 200	1 440	3 840	2 880	384	27 744
生产成本-辅助-供水-直接人工费			12 000	900	2 400	1 800	240	17 340
生产成本-辅助-供电-直接人工费			19 200	1 440	3 840	2 880	384	27 744
生产成本-辅助-机修-直接人工费			20 000	1 500	4 000	3 000	400	28 900
生产成本-辅助-车队-直接人工费			14 400	1 080	2 880	2 160	288	20 808
制造费用-一车间-工资及福利费			16 000	1 200	3 200	2 400	320	23 120
管理费用-工资及福利费			103 175	7 738.13	20 635	15 476.25	2 063.50	149 087.88
销售费用-工资及福利费			25 080	1 881	5 016	3 762	501.60	36 240.60
合计		255 000	896 135	86 335.13	230 227	172 670.25	23 022.70	1 663 390.08

注：定额工时分配率保留 6 位小数，即 255 000 ÷ 257 910.4 = 0.988 715

甲产品分配工资：80 380 × 0.988 715 = 79 472.91

乙产品分配工资：255 000 − 79 472.91 = 175 527.09

凭证 74-2/2

石家庄新华机电配件股份有限公司工会经费和职工教育经费计提表

2014 年 1 月 31 日　　单位:元

项目 应借科目	工资				工会经费 2%	职工教育经费 1.5%	小计
	分配计入		直接计入	小计			
	定额工时	分配金额					
生产成本-基本-甲产品-直接人工费	80 380	79 472.91		79 472.91	1 589.46	1 192.09	2 781.55
生产成本-基本-乙产品-直接人工费	177 530.40	175 527.09		175 527.09	3 510.54	2 632.91	6 143.45
		255 000					
生产成本-基本-自制半成品-人工费			331 080	331 080	6 621.60	4 966.20	11 587.80
生产成本-基本-自制半成品-制造费用			14 400	14 400	288	216	504
生产成本-基本-丙产品-直接人工费			321 600	321 600	6 432	4 824	11 256
生产成本-基本-丙产品-制造费用			19 200	19 200	384	288	672
生产成本-辅助-供水-直接人工费			12 000	12 000	240	180	420
生产成本-辅助-供电-直接人工费			19 200	19 200	384	288	672
生产成本-辅助-机修-直接人工费			20 000	20 000	400	300	700
生产成本-辅助-车队-直接人工费			14 400	14 400	288	216	504
制造费用-一车间-工资及福利费			16 000	16 000	320	240	560
管理费用-工资及福利费			103 175	103 175	2 063.50	1 547.63	3 611.13
销售费用-工资及福利费			25 080	25 080	501.60	376.20	877.80
合计		255 000	896 135	1 151 135	23 022.70	17 267.03	40 289.73

业务 075　附原始凭证 3 张，见 75-1/3，75-2/3，75-3/3

凭证 75-1/3

石家庄新华机电配件股份有限公司材料成本差异率计算表

2014 年 1 月

材料名称	期初结存		本期入库		差异率/%
	计划成本	成本差异	计划成本	成本差异	
A 材料	106 500	－6 000	3 780 000	50 174.52	1.136 6
B 材料	874 000	－4 000	2 268 889.80	－4 422.32	－0.268 0
C 材料	4 000	－15 000	700 000	13 453	－0.219 7
D 材料	5 500	－15 000	423 000	－3 256	－4.260 4
充填物			21 600	2 400	11.111 1

凭证 75-2/3

石家庄新华机电配件股份有限公司发料凭证汇总表

2014 年 1 月

材料名称 受益对象	A 材料	B 材料	C 材料	D 材料	充填物	合　计
甲产品	816 000	766 882.40				1 582 882.40
乙产品		999 770				999 770
自制半成品		374 031.60	560 000	420 000		1 354 031.60
合　计	816 000	2 140 684	560 000	420 000		3 936 684

凭证 75-3/3

石家庄新华机电配件股份有限公司发出材料分摊材料成本差异数据表

2014 年 1 月

受益对象 材料名称	差异率/%	甲产品		乙产品		自制半成品		合　计
		领用成本	负担差异	领用成本	负担差异	领用成本	负担差异	
A 材料	1.136 6	816 000	9 274.66					9 274.66
B 材料	－0.268 0	766 882.40	－2 055.24	999 770	－2 679.38	374 031.60	－1 002.40	－5 737.02
C 材料	－0.219 7					560 000	－1 230.32	－1 230.32
D 材料	－4.260 4					420 000	－17 893.68	－17 893.68
合　计			7 219.42		－2 679.38		－20 126.40	－15 586.36

业务076　附原始凭证4张,见76-1/3,76-2/3,76-3/3

凭证76-1/3

石家庄新华机电配件股份有限公司辅助车间劳务供应量统计表

2014年1月

受益者＼供应者		供水车间/吨	供电车间/度	机修车间/工时	车队/车公里
供水车间		—	68 000	—	—
供电车间		16 000	—	—	—
机修车间		32 000	120 000	—	—
车队		14 000	43 000	2 060	—
基本生产一车间	甲产品	383 500	543 210	—	—
	乙产品	141 730	378 900	—	—
	车间一般消耗	13 630	60 000	3 600	3 000
基本生产二车间:自制半成品		189 910	392 870	4 800	1 000
基本生产三车间:丙产品		284 860	404 110	6 300	3 500
管理部门		58 000	366 940	—	26 500
销售科		15 000	28 000	—	36 000
对外部加工/运输				1 240	18 000
合　计		1 148 630	2 405 030	18 000	88 000

凭证76-2/3

石家庄新华机电配件股份有限公司 辅助生产成本明细账本期发生额

2014年1月　　单位:元

辅助生产单位	材料费	人工费	其他直接费	制造费用	费用合计
供水车间	172 294.50	17 760	—	6 529.59	196 584.09
供电车间	432 905.40	28 416	—	17 630.59	478 951.99
机修车间	—	29 600	—	18 010.99	47 610.99
车队	400	21 312	5 400	31 022.99	58 134.99
合　计	605 599.90	97 088	5 400	73 194.16	781 282.06

凭证76-3/3

石家庄新华机电配件股份有限公司 辅助费用分配表

2014年1月31日　　单位:元

辅助车间	应分配费用	分配劳务量	分配率	一车间			二车间	三车间	管理部门	销售部门	对外加工/运输
				甲产品	乙产品	一般消耗	自制半成品	丙产品			
供水车间	196 584.09	1 086 630	0.180 9	69 375.15	25 638.96	2 465.67	34 354.72	51 531.17	10 492.20	2 726.22	—
供电车间	478 951.99	2 174 030	0.220 3	119 669.16	83 471.67	13 218	86 549.26	89 025.43	80 836.88	6 181.59	—
机修车间	47 610.99	15 940	2.986 9	—	—	10 752.84	14 337.12	18 817.47	—	—	3 703.56
车　队	58 134.99	88 000	0.660 6			1 981.80	660.60	2 312.10	17 505.90	23 781.60	11 892.99
合　计	781 282.06			189 044.31	109 110.63	28 418.31	135 901.70	161 686.17	108 834.98	32 689.41	15 596.55

注:分配率保留4位小数,最后一个分配对象分配金额倒挤。

业务077　附原始凭证2张,见77-1/2,77-2/2

凭证77-1/2

石家庄新华机电配件股份有限公司制造费用明细账

生产车间:一车间　　2014年1月　　单位:元

费用项目	工资及福利费	折旧及修理费	水电费	机物料消耗	办公费	差旅费	费用合计
金　额	23 680	96 324.43	15 683.67	46.40	600	1 981.80	138 316.30

凭证77-2/2

石家庄新华机电配件股份有限公司制造费用分配表

生产车间:一车间　　2014年1月　　单位:元

产品名称	定额工时	分配率(保留4位小数)	分配金额
甲产品	80 380	—	43 107.79
乙产品	177 530.40	—	95 208.51
合　计	257 910.40	0.536 3	138 316.30

注:当期投入的定额工时 =完工产品定额工时+期末在产品定额工时-期初在产品定额工时

甲产品定额工时 = $4\,250\times20+430\times20\times30\%-600\times20\times60\%=80\,380$

乙产品定额工时 = $6\,600\times27+538\times27\times40\%-600\times27\times40\%=177\,530.40$

业务078　附原始凭证6张,见凭证78-1/6,78-2/6,78-3/6,78-4/6,78-5/6,78-6/6

凭证78-1/6

石家庄新华机电配件股份有限公司成本计算单

产品名称:甲产品　　2014年1月

完工产品数量:4 250　　在产品数量:430　　加工进度:30%　　单位:元

项　目	直接材料	直接人工	其他直接费用	制造费用	合　计
月初在产品成本	232 914	14 128.70	15 054.30	3 903	266 000
本月发生的生产费用	1 590 701.82	117 619.91	—	232 152.10	1 940 473.83
生产费用合计	1 823 615.82	131 748.61	15 054.30	236 055.10	2 206 473.83
转出完工产品成本	1 656 076.77	127 865.50	14 611.50	229 100.50	2 027 654.27
月末在产品成本	167 539.05	3 883.11	442.80	6 954.60	178 819.56

附表:期末生产费用在完工产品与在产品之间的分配(材料费按材料定额成本比例,加工费按定额工时比例)

成本项目	月初在产品费用	本月费用	生产费用合计	费用分配率(保留4位小数)	完工产品费用		月末在产品费用	
					定额	实际费用	定额	实际费用
1	2	3	4 =2 +3	5 =4/(6 +8)	6	7 =6 ×5	8	9 =8 ×5
直接材料	232 914	1 590 701.82	1 823 615.82	1.003 8	1 649 807.50	1 656 076.77	166 921.7	167 539.05
直接人工	14 128.70	117 619.91	131 748.61	1.504 3	85 000	127 865.50	2 580	3 883.11
其他直接费用	15 054.30	—	15 054.30	0.171 9	85 000	14 611.50	2 580	442.80
制造费用	3 903	232 152.10	236 055.10	2.695 3	85 000	229 100.50	2 580	6 954.60
合　计	266 000	1 940 473.83	2 206 473.83			2 027 654.27		178 819.56

注:基本生产车间投产及完工产量统计表,见第十章表10.2,下同。

凭证 78-2/6

石家庄新华机电配件股份有限公司成本计算单

产品名称：乙产品　　2014 年 1 月

完工产品数量:6 600　　在产品数量：538　　加工进度:40%　　单位:元

项　目	直接材料	直接人工	其他直接费用	制造费用	合　计
月初在产品成本	91 740	6 745.60	4 202.90	2 311.50	105 000
本月发生的生产费用	997 090.62	259 780.09	—	204 319.14	1 461 189.85
生产费用合计	1 088 830.62	266 525.69	4 202.90	206 630.64	1 566 189.85
转出完工产品成本	1 006 718.06	258 104.88	4 062.96	200 100.78	1 468 986.68
月末在产品成本	82 112.56	8 420.81	139.94	6 529.86	97 203.17

附表:期末生产费用在完工产品与在产品之间的分配(材料费按材料定额成本比例,加工费按定额工时比例)

成本项目	月初在产品费用	本月费用	生产费用合计	费用分配率(保留4位小数)	完工产品费用		月末在产品费用	
					定额	实际费用	定额	实际费用
1	2	3	4 = 2 + 3	5 = 4/(6 + 8)	6	7 = 6 × 5	8	9 = 8 × 5
直接材料	91 740	997 090.62	1 088 830.62	0.997 6	1 009 140	1 006 718.06	82 260.20	82 112.56
直接人工	6 745.60	259 780.09	266 525.69	1.448 4	178 200	258 104.88	5 810.40	8 420.81
其他直接费用	4 202.90	—	4 202.90	0.022 8	178 200	4 062.96	5 810.40	139.94
制造费用	2 311.50	204 319.14	206 630.64	1.122 9	178 200	200 100.78	5 810.40	6 529.86
合　计	105 000	1 461 189.85	1 566 189.85			1 468 986.68		97 203.17

凭证 78-3/6

石家庄新华机电配件股份有限公司 成本计算单

产品名称：自制半成品　　2014 年 1 月

完工产品数量:2 580　　在产品数量:360　　加工进度:50%　　单位:元

项　目	直接材料	直接人工	其他直接费用	制造费用	合　计
月初在产品成本	67 113.20	15 810.20	7 840.40	3 969.30	94 733.10
本月发生的生产费用	1 333 905.20	489 998.40	—	196 475.69	2 020 379.29
生产费用合计	1 401 018.40	505 808.60	7 840.40	200 444.99	2 115 112.39
转出完工产品成本	1 229 503.28	472 810.80	7 322.04	187 364.76	1 897 000.88
月末在产品成本	171 515.12	32 997.80	518.36	13 080.23	218 111.51

附表:期末生产费用在完工产品与在产品之间的分配(材料费按材料定额成本比例,加工费按定额工时比例)

成本项目	月初在产品费用	本月费用	生产费用合计	费用分配率(保留4位小数)	完工产品费用		月末在产品费用	
					定额	实际费用	定额	实际费用
1	2	3	4 = 2 + 3	5 = 4/(6 + 8)	6	7 = 6 × 5	8	9 = 8 × 5
直接材料	67 113.20	1 333 905.20	1 401 018.40	0.994 1	1 236 800.40	1 229 503.28	172 576.80	171 515.12
直接人工	15 810.20	489 998.40	505 808.60	1.666 0	283 800	472 810.80	19 800	32 997.80
其他直接费用	7 840.40	—	7 840.40	0.025 8	283 800	7 322.04	19 800	518.36
制造费用	3 969.30	196 475.69	2 00 444.99	0.660 2	283 800	187 364.76	19 800	13 080.23
合　计	94 733.10	2 020 379.29	2 115 112.39	—	—	1 897 000.88	—	218 111.51

凭证 78-4/6

石家庄新华机电配件股份有限公司 发出自制半成品成本调整计算表

2014 年 1 月　　　　单位:元

月初余额		本月增加			简单加权平均单价	本月减少		
数量	实际成本	数量	定额成本	实际成本	6 = (2 +5)/(1 +3)（保留 4 位小数）	数量	定额成本	实际成本
1	2	3	4	5		7	8	9
7 320	5 602 144	2 580	1 963 896	1 897 000.88	757.489 4	7 000	5 328 400	5 302 425.80
应调整入库成本差异 = 5 − 4 = −66 895.12					应调整出库成本差异 = 9 − 8 = −25 974.20			

凭证 78-5/6

石家庄新华机电配件股份有限公司 成本计算单

产品名称:丙产品　　　　2014 年 1 月

完工产品数量:4 440　　在产品数量:2 860　　加工进度:60%　　单位:元

摘　要	自制半成品		直接人工	其他直接费用	制造费用	合　计
	定额成本	实际成本				
月初在产品成本	—	228 360	3 507.70	1 440.50	958.70	234 266.90
本月发生的生产费用	5 328 400	5 302 425.80	475 968	—	238 230.16	6 016 623.96
生产费用合计	—	5 530 785.80	479 475.70	1 440.50	239 188.86	6 250 890.86
转出完工产品成本	—	3 363 843.28	345 813.84	1 038.96	172 507.32	3 883 203.40
月末在产品成本	—	2 166 942.52	133 661.86	401.54	66 681.54	2 367 687.46

附表:期末生产费用在完工产品与在产品之间的分配(材料费按材料定额成本比例,加工费按定额工时比例)

成本项目	月初在产品费用	本月费用	生产费用合计	费用分配率(保留4位小数)	完工产品费用		月末在产品费用	
					定额	实际费用	定额	实际费用
1	2	3	4 = 2 + 3	5 = 4/(6 + 8)	6	7 = 6 × 5	8	9 = 8 × 5
自制半成品	228 360	5 302 425.80	5 530 785.80	0.995 3	3 379 728	3 363 843.28	2 177 032	2 166 942.52
直接人工	3 507.70	475 968	479 475.70	0.865 4	399 600	345 813.84	154 440	133 661.86
其他直接费用	1 440.50	—	1 440.50	0.002 6	399 600	1 038.96	154 440	401.54
制造费用	958.70	238 230.16	239 188.86	0.431 7	399 600	172 507.32	154 440	66 681.54
合　计	234 266.90	6 016 623.96	6 250 890.86	—	—	3 883 203.40	—	2 367 687.46

凭证 78-6/6

石家庄新华机电配件股份有限公司 月度完工产成品成本汇总表

2014 年 1 月　　单位:元

产品	直接材料	直接人工	其他直接费用	制造费用	实际成本合计	定额成本合计	调整入库成本差异
甲产品	1 656 076.77	127 865.50	14 611.50	229 100.50	2 027 654.27	2 028 100	-445.73
乙产品	1 006 718.06	258 104.88	4 062.96	200 100.78	1 468 986.68	1 425 600	43 386.68
丙产品	3 363 843.28	345 813.84	1 038.96	172 507.32	3 883 203.40	3 940 500	-57 296.60
合　计	—	—	—	—	7 379 844.35	7 394 200	-14 355.65

业务 079　附原始凭证 1 张,见凭证 79-1/1

凭证 79-1/1

石家庄新华机电配件股份有限公司 发出商品成本汇总表

2014 年 1 月　　单位:元

商品名称	月初余额		本月增加		简单加权平均单价	本月销售	
	数量	实际成本	数量	实际成本	5 =(2 +4)/(1 +3)(保留 4 位小数)	数量	实际成本
	1	2	3	4		6	7 =5 ×6
甲产品	550	273 256	4 250	2 027 654.27	479.356 3	2 660	1 275 087.76
乙产品	540	113 216	6 600	1 468 986.68	221.597 0	3 850	853 148.45
丙产品	3 650	3 212 384	4 440	3 883 203.40	877.081 3	4 950	4 341 552.44

业务 080　附原始凭证 1 张,见凭证 80-1/2,80-2/2

凭证 80-1/2

石家庄新华机电配件股份有限公司应交增值税明细账(摘录)

日期	摘　要	借　方				贷　方			余　额	
		合　计	进项税额	已交税金	转出未交增值税	合计	销项税额		方向	金额
1.31	转出未交增值税	683 996.00			683 996.00				平	0
	本月合计									

凭证 080-2/2

石家庄新华机电配件股份有限公司月度流转税、费计算汇总表

2014 年 1 月

<table>
<tr><td>收入项目</td><td>所属税种</td><td>适用税率/%</td><td>应税金额/元</td><td colspan="2">应交税额/元</td></tr>
<tr><td>销售</td><td>增值税</td><td>17</td><td></td><td colspan="2">683 996.00</td></tr>
<tr><td colspan="6">附表:应交城市维护建设税及教育附加费计算表</td></tr>
<tr><td colspan="2" rowspan="2">计税税基及计费基础</td><td colspan="2">应交城市维护建设税</td><td colspan="2">应交教育附加费</td></tr>
<tr><td>税率/%</td><td>税额/元</td><td>费率/%</td><td>费额/元</td></tr>
<tr><td>增值税</td><td>683 996.00</td><td>7</td><td>47 879.72</td><td>4</td><td>27 359.84</td></tr>
<tr><td colspan="2">合　计</td><td></td><td>47 879.72</td><td></td><td>27 359.84</td></tr>
</table>

业务 081　附原始凭证 1 张,见凭证 81-1/1

凭证 81-1/1

石家庄新华机电配件股份有限公司月度损益类账户发生额汇总表

2014 年 1 月

费用、支出类科目			收入、收益类科目		
科目名称	本期发生额		科目名称	本期发生额	
	借方	贷方		借方	贷方
主营业务成本	6 469 788.65		主营业务收入		9 531 500
其他业务成本	18 459.30		其他业务收入		150 900.00
营业税金及附加	75 239.56		资产减值损失		24 920.00
管理费用	305 438.73		公允价值变动损益		40 000.00
销售费用	112 529.90		投资收益		48 766.67
财务费用	101 801.15				
营业外支出	17 197.02				
金额合计	7 100 454.31		金额合计		9 796 086.67

业务082 附原始凭证1张,见凭证82-1/1

凭证82-1/1

石家庄新华机电配件股份有限公司月度所得税计算调整表

2014年1月

一、损益相抵后的税前利润	2 695 632.36	(4)税收滞纳金、罚金、罚款	
二、纳税调整增加额		(5)灾害事故损失赔偿	
1.超过规定标准项目		(6)非公益救济性捐赠	
(1)工资支出		(7)非广告性赞助支出	
(2)职工福利		(8)粮食类白酒广告费	
(3)职工教育经费		(9)为其他企业贷款担保的支出项目	
(4)工会经费		(10)与收入无关的支出	
(5)利息支出		3.应税收益项目	
(6)业务招待费	2 400	(1)少计应税收益	
(7)公益救济性捐赠		(2)未计应税收益	
(8)提取折旧费		(3)收回坏账损失	
(9)无形资产摊销		三、纳税调整减少额	
(10)广告费		1.联营企业分回利润	
(11)业务宣传费		2.境外收益	
(12)管理费		3.管理费	
(13)其他		4.其他	
2.不允许扣除项目		四、调整后应纳税所得额	2 698 032.36
(1)资本性支出			
(2)无形资产受让开发支出		适用税率	25%
(3)违法经营罚款和被没收财物损失		五、本期应纳所得税额	674 508.09

(二)期末经济业务的会计分录

业务069:

22日收实达商场银行承兑汇票　210 600×11.88%×(9÷360)=625.48

借:应收票据——实达商场　625.48

　贷:财务费用——利息支出　625.48

业务070:

借:交易性金融资产——公允价值变动　40 000

　贷:公允价值变动损益　40 000

业务071:

071-1/2 借:存货跌价准备——工具　25 600

　贷:资产减值损失　25 600

071-2/2 借:资产减值损失　680
　　贷:存货跌价准备——工具　680

业务 072:

借:制造费用——车间——折旧费　25 571.59
　生产成本——基本生产成本——自制半成品——制造费用　28 815.59
　　　　　　　　　——丙产品——制造费用　33 373.41
　生产成本——辅助生产成本——供水——制造　6 529.59
　　　　　　　　　——供电——制造　8 530.59
　　　　　　　　　——机修——制造　8 364.59
　　　　　　　　　——车队——制造　29 016.59
　管理费用——折旧费　27 256.74
　销售费用——折旧费　7 272.09
　贷:累计折旧　174 730.78

业务 073:

借:其他业务成本　2 000
　管理费用——无形资产摊销　3 000
　贷:累计摊销——专利权甲　3 000
　　　　——专利权乙　2 000

业务 074:

借:生产成本——基本生产成本——甲产品——直接人工　117 619.91
　　　　　　　　　——乙产品——直接人工　259 780.09
　　　　　　　　　——自制半成品——直接人工　489 998.40
　　　　　　　　　——自制半成品——制造费用　21 312
　　　　　　　　　——丙产品——直接人工　475 968
　　　　　　　　　——丙产品——制造费用　28 416
　生产成本——辅助生产成本——供水车间——直接人工　17 760
　　　　　　　　　——供电车间——直接人工　28 416
　　　　　　　　　——机修车间——直接人工　29 600
　　　　　　　　　——车队——直接人工　21 312
　制造费用——一车间——工资　23 680
　管理费用——工资　152 699.01
　销售费用——工资　37 118.40
　贷:应付职工薪酬——应付工资　1 151 135
　　　　——医疗保险金　86 335.13
　　　　——养老保险金　230 227
　　　　——住房公积金　172 670.25
　　　　——失业保险金　23 022.70
　　　　——工会经费　23 022.70

　　　　——职工教育经费　　　　17 267.03

业务075：

借：生产成本——基本生产成本——甲产品——直接材料　　7 219.42
　　　　　　　　　　——乙产品——直接材料　　2 679.38
　　　　　　　　　　——自制半成品——直接材料　　20 126.40
　贷：材料成本差异——A 材料　　9 274.66
　　　　　　　　——B 材料　　5 737.02
　　　　　　　　——C 材料　　1 230.32
　　　　　　　　——D 材料　　17 893.68

业务076：

借：生产成本——基本生产成本——甲产品——制造费用　　189 044.31
　　　　　　　　　　——乙产品——制造费用　　109 110.63
　　　　　　　　　　——自制半成品——制造费用　　135 901.70
　　　　　　　　　　——丙产品——制造费用　　161 686.17
　制造费用——一车间——水电费　　15 683.67
　　　　　　　　——差旅费　　1 981.80
　　　　　　　　——修理费　　10 752.84
　其他业务成本　　15 596.55
　管理费用——水电费　　91 329.08
　　　　——差旅费　　17 505.90
　销售费用——水电费　　8 907.81
　　　　——差旅费　　23 781.60
　贷：生产成本——辅助生产成本——供水车间　　196 584.09
　　　　　　　　　　——供电车间　　478 951.99
　　　　　　　　　　——机修车间　　47 610.99
　　　　　　　　　　——车队　　58 134.99

业务077：

借：生产成本——基本生产成本——甲产品——制造费用　　43 107.79
　　　　　　　　　　——乙产品——制造费用　　95 208.51
　贷：制造费用　　138 316.30

业务078：

078-1/4 借：库存商品——甲产品　　445.73
　　　　　　　　——乙产品　　43 386.68
　　　贷：生产成本——基本生产成本——甲产品　　445.73
　　　　　　　　　　　　　——乙产品　　43 386.68
078-2/4 借：生产成本——自制半成品　　66 895.12
　　　贷：生产成本——基本生产成本——自制半成品　　66 895.12
078-3/4 借：生产成本——基本生产成本——丙产品——自制　　25 974.20
　　　贷：生产成本——自制半成品　　25 974.20

078-4/4 借:库存商品——丙产品	57 296.60	
贷:生产成本——基本生产成本——丙产品		57 296.60
业务 079:		
借:主营业务成本——甲产品	1 275 087.76	
——乙产品	853 148.45	
——丙产品	4 341 552.44	
贷:库存商品——甲产品		1 275 087.76
——乙产品		853 148.45
——丙产品		4 341 552.44
业务 080:		
080-1/2 借:应交税费——应交增值税——转出未交增值税	683 996	
贷:应交税费——未交增值税		683 996
080-2/2 借:营业税金及附加	75 239.56	
贷:应交税费——城建税		47 879.72
——教育费附加		27 359.84
业务 081:		
081-1/2 借:主营业务收入	9 531 500	
其他业务收入	150 900	
投资收益	48 766.67	
资产减值损失	24 920	
公允价值变动损益	40 000	
贷:本年利润		9 796 086.67
081-2/2 借:本年利润	7 100 454.31	
贷:主营业务成本		6 469 788.65
其他业务成本		18 459.3
销售费用		112 529.90
管理费用		305 438.73
财务费用		101 801.15
营业外支出		17 197.02
营业税金及附加		75 239.56
业务 082:		
082-1/2 借:所得税费用	674 508.09	
贷:应交税费——应交所得税		674 508.09
082-2/2 借:本年利润	674 508.09	
贷:所得税费用		674 508.09

二、科目汇总表参考答案

1.2014 年 1 月 31 日至 2013 年 1 月 31 日,科目汇总表 03 号,见表 11.3。

表 11.3　科目汇总表第 03 号

科　目　汇　总　表

2014 年 1 月 31 日至 31 日

记账凭证第 069 号至 082 号　　　　汇字第 03 号

借方金额										会计科目	贷方金额										记账
千	百	十	万	千	百	十	元	角	分		千	百	十	万	千	百	十	元	角	分	√
			4	0	0	0	0	0	0	1101 交易性金融资产											
					6	2	5	4	8	1121 应收票据											
										1404 材料成本差异				1	5	5	8	6	3	6	
			1	4	3	5	5	6	5	1405 库存商品		6	4	6	9	7	8	8	6	5	
			2	5	6	0	0	0	0	1471 存货跌价准备						6	8	0	0	0	
										1602 累计折旧			1	7	4	7	3	0	7	8	
										1702 累计摊销					5	0	0	0	0	0	
										2211 应付职工薪酬		1	7	0	3	6	7	9	8	1	
		6	8	3	9	9	6	0	0	2221 应交税费		1	4	3	3	7	4	3	6	5	
	7	7	7	4	9	6	2	4	0	4103 本年利润		9	7	9	6	0	8	6	6	7	
	2	2	3	0	4	1	6	1	9	5001 生产成本			6	7	4	0	5	7	0	9	
			7	7	6	6	9	9	0	5101 制造费用			1	3	8	3	1	6	3	0	
	9	5	3	1	5	0	0	0	0	6001 主营业务收入											
		1	5	0	9	0	0	0	0	6051 其他业务收入											
			4	0	0	0	0	0	0	6101 公允价值变动损益				4	0	0	0	0	0	0	
			4	8	7	6	6	6	7	6111 投资收益											
	6	4	6	9	7	8	8	6	5	6401 主营业务成本		6	4	6	9	7	8	8	6	5	
			1	7	5	9	6	5	5	6402 其他业务成本				1	8	4	5	9	3	0	
			7	2	2	3	9	5	6	6403 营业税金及附加				7	2	2	3	9	5	6	
			7	7	0	7	9	9	0	6601 销售费用			1	1	2	5	2	9	9	0	
		2	9	1	7	9	0	7	3	6602 管理费用			3	0	5	4	3	8	7	3	
										6603 财务费用			1	0	2	4	2	6	6	3	
			2	5	6	0	0	0	0	6701 资产减值损失				2	5	6	0	0	0	0	
										6711 营业外支出				1	7	1	9	7	0	2	
		6	7	4	5	0	8	0	9	6801 所得税费用			6	7	7	5	0	8	0	9	
2	8	2	2	1	6	8	4	4	7	合　计	2	8	2	2	1	6	8	4	4	7	

会计主管：　　记账：　　复核：　　制表：

第三节　会计报表编制指导

一、利润表

(一)利润表参考数据(见表11.4)

表11.4　利润表

2014年1月　　会企02表

编制单位:石家庄新华机电配件股份有限公司　　单位:元

项　目	本期金额	上期金额
一、营业收入	9 682 400.00	
减:营业成本	6 488 247.95	
营业税金及附加	75 239.56	
减:销售费用	112 529.90	
管理费用	305 438.73	
财务费用	101 801.15	
资产减值损失	-24 920.00	
加:公允价值变动收益(损失以“-”号填列)	40 000.00	
投资收益(损失以“-”号填列)	48 766.67	
其中:对联营企业和合营企业的投资收益		
二、营业利润(亏损以“-”号填列)	2 712 829.38	
加:营业外收入		
减:营业外支出	17 197.02	
其中:非流动资产处置损失		
三、利润总额(亏损以“-”号填列)	2 695 632.36	
减:所得税费用	674 508.09	
四、净利润(净亏损以“-”号填列)	2 021 124.27	
五、每股收益		
(一)基本每股收益		
(二)稀释每股收益		

（二）利润表编制说明

（1）“营业收入”：根据“主营业务收入”和“其他业务收入”明细账的发生额的合计填列，即

$$9\ 531\ 500 + 150\ 900 = 9\ 682\ 400$$

（2）“营业成本”：根据“主营业务成本”和“其他业务成本”明细账的发生额合计填列，即

$$6\ 469\ 788.65 + 18\ 459.30 = 6\ 488\ 247.95$$

（3）“营业税金及附加”：根据“营业税金及附加”明细账的发生额 75 239.56 元填列。

（4）“销售费用”：根据总账“销售费用”的发生额 112 529.90 元填列。

（5）“管理费用”：根据总账“管理费用”的发生额 305 438.73 元填列。

（6）“财务费用”：根据总账“财务费用”的发生额 101 801.15 元填列。

（7）“资产减值损失”：根据总账“资产减值损失”的发生额 24 920.00 元填列。

（8）“公允价值变动收益”：根据总账“公允价值变动损益”的发生额 40 000.00 元填列。

（9）“投资收益”：根据总账“投资收益”的发生额 48 766.67 元填列。

（10）“营业外支出”：根据总账“营业外支出”的发生额 17 197.02 元填列。

（11）“所得税费用”：按利润表各步骤依次计算得来：损益相抵后的税前利润 2 695 632.36；调整后应纳税所得额 2 698 032.36；适用税率为 25%；本期应纳所得额为 674 508.09 元。

二、资产负债表

(一)资产负债表参考数据(见表11.5)

表11.5　资产负债表

2014年1月31日　　会企01表

编制单位:石家庄新华机电配件股份有限公司　　单位:元

资　产	期末余额	年初余额	负债和股东股益	期末余额	年初余额
流动资产:			流动负债:		
货币资金	1 398 435.77	8 927 513.65	短期借款	500 000	500 000
交易性金融资产	620 000.00	1 160 000	交易性金融负债		
应收票据	211 225.48		应付票据		
应收账款	7 870 015.00	1 026 000	应付账款	2 561 545.8	2 050 000
预付款项	146 980.00	466 000	预收款项	4 810 860	7 000 000
应收利息			应付职工薪酬	1703679.81	2 613 210.25
应收股利			应交税费	1 433 743.65	24 103.4
其他应收款	15 055.56	20 000	应付利息	1 015 333.33	3 929 000
存货	14 072 992.78	13 435 400	应付股利		
一年内到期的非流动资产			其他应付款	1 187 981.75	28 000
其他流动资产			一年内到期的非流动负债		
流动资产合计	**24 334 704.59**	**25 034 913.65**	其他流动负债		
非流动资产:			流动负债合计	**13 213 144.34**	**16 144 313.65**
可供出售金融资产			非流动负债:		
持有至到期投资			长期借款	14 000 000	14 000 000
长期应收款			应付债券		
长期股权投资			长期应付款		
投资性房地产			专项应付款		
固定资产	25 794 664.02	26 000 000	预计负债		
在建工程	4 920 500.00	4 900 000	递延所得税负债		
工程物资	380 000.00	40 0000	其他非流动负债		
固定资产清理			非流动负债合计	**14 000 000**	**14 000 000**
生产性生物资产			负债合计	**27 213 144.34**	**30 144 313.65**
油气资产			股东权益:		
无形资产	79 000.00	84 000	股本	11 145600	11 145 600
开发支出			资本公积	4 600 000	4 600 000
商誉			减:库存股		
长期待摊费用			盈余公积	7 800 000	7 800 000
递延所得税资产			未分配利润	4 750 124.27	2 729 000
其他非流动资产			股东权益合计	**28 295 724.27**	**26 274 600**
非流动资产合计	**31 174 164.02**	**31 384 000**			
资产总计	**55 508 868.61**	**56 418 913.65**	负债和股东权益总计	**55 508 868.61**	**56 418 913.65**

(二)资产负债表编制指导

1. 资产负债表“年初数”栏

资产负债表“年初数”栏内各项数字,应根据上年末资产负债表“期末数”栏内所列数字填列。

2. 资产负债表“期末余额”栏

1)流动资产项目

(1)“货币资金”:反映企业库存现金、银行结算户存款、外埠存款、银行汇票存款、银行本票存款、信用卡存款、信用保证金存款等的合计数。本项目应根据“库存现金”“银行存款”“其他货币资金”科目的期末余额合计填列,即

$$36\ 536.26 + 1\ 081\ 619.51 + 280\ 280 = 1\ 398\ 435.77$$

(2)“交易性金融资产”:反映企业为交易目的所持有的债券投资、股票投资、基金投资等交易性金融资产的公允价值,本项目应根据“交易性金融资产”科目的期末余额620 000元填列。

(3)“应收票据”:反映企业收到的未到期收款也未向银行贴现的应收票据,包括商业承兑汇票和银行承兑汇票。本项目应根据“应收票据”科目的期末余额211 225.48元填列。

(4)“应收账款”:反映企业因销售商品、产品和提供劳务等而应向购买单位收取的各项款项。本项目应根据“应收账款”科目所属各明细科目的期末借方余额合计,“预收账款”科目所属有关明细科目有借方余额的也在该项目中填列。

$$113\ 600 + 345\ 700 + 800\ 000 + 96\ 000 + 6\ 592\ 715 = 7\ 948\ 015$$

需要注意的是,“坏账准备”的期末余额78 000元,应作为“应收账款”的减项处理。因此,“应收账款”项目应填列的数据为

$$7\ 948\ 015 - 78\ 000 = 7\ 870\ 015$$

(5)“预付账款”:反映企业预付给供应单位的款项。本项目应根据“预付账款”科目所属各明细科目的期末借方余额合计填列,“应付账款”科目所属明细科目有借方余额也在该项目中填列,即

$$68\ 980 + 50\ 000 + 5\ 500 = 124\ 480$$

(6)“其他应收账款”:反映企业对其他单位和个人的应收和暂付的款项,减去已计提的坏账准备后的净额。本项目应根据“其他应收款”科目的期末余额,减去“坏账准备”科目中有关其他应收款计提的坏账准备期末余额后的金额填列,即

$$15\ 055.56 - 0 = 15\ 055.56$$

(7)“存货”:反映企业期末在库、在途和在加工中的各项存货的可变现净值。本项目根据“物资采购”“原材料”“库存商品”“周转材料”“生产成本”“材料成本差异”“存货跌价准备”等科目的期末余额合计。材料采用计划成本核算减去材料成本差异后的数额填列,即

$$0+4\,289\,805.8+4\,511\,311.09+216\,197.25+5\,068\,157.64+17\,996.07-34\,680=14\,068\,787.85$$

2)非流动资产项目

(1)"持有至到期投资":反映企业持有至到期投资的摊余成本。本项目根据"持有至到期投资"科目的期末余额59 000元填列。

(2)"长期股权投资":反映企业不准备在1年内(含1年)变现的各种股权性质的投资的可收回金额。本项目根据"长期股权投资"科目的期末余额359 000元填列。

(3)"固定资产":反映企业的各种固定资产净值,应根据"固定资产"和"累计折旧"科目的期末余额填列,即

$$30\,162\,000-4\,363\,946.7=25\,798\,053.3$$

(4)"在建工程":反映企业期末各项未完工程的实际支出。本项目应根据"在建工程"科目的期末余额4 920 500元填列。

(5)"工程物资":反映其各项工程尚未使用的工程物资的实际成本。本项目应根据"工程物资"科目的期末余额380 000元填列。

(6)"无形资产":反映企业各项无形资产的期末可收回金额。本项目应根据"无形资产"和"累计摊销"科目的期末余额填列,即

$$30\,000-221\,000=79\,000$$

(7)"长期待摊费用":本项目应根据"长期待摊费用"科目期末余额2 000元填列。

3)流动负债项目

(1)"短期借款":本项目根据"短期借款"科目期末余额500 000元填列。

(2)"应付账款":反映企业购买原材料、商品和接受劳务供应等而应付给供应单位的款项。本项目应根据"应付账款"科目所属各有关明细科目的期末贷方余额合计填列,"预付账款"科目所属有关明细科目期末有贷方余额也应在该项目中填列,即

$$500\,000+1\,450\,000+218\,240+393\,305.8=2\,561\,545.8$$

(3)"预收账款":反映企业预收购买单位的账款。本项目应根据"预收账款"科目所属有关明细科目的期末贷方余额合计填列,"应收账款"科目所属明细科目有贷方余额的也在该项目中填列,即

$$200\,000+2\,610\,860+200\,000=4\,810\,860$$

(4)"应付职工薪酬":反映企业根据有关规定应付给职工的各种薪酬。本项目应根据"应付职工薪酬"科目贷方余额1 703 679.81元填列。

(5)"应交税费":反映企业按照税法等规定计算应交纳的各种税费。本项目应根据"应交税费"科目的期末贷方余额1 433 743.65元填列。

(6)"应付利息":反映企业按照合同约定应支付的利息。本项目应根据"应付利息"科目的期末贷方余额1 015 333.33元填列。

(7)"其他应付款":反映企业所有应付和暂收其他单位和个人的款项,本项目应根据"其他应付款"科目的期末余额1 187 981.75元填列。

4）长期负债项目

“长期借款”：反映企业借入尚未归还的 1 年期以上（不含 1 年）的借款本息。本项目应根据“长期借款”科目的期末余额 14 000 000 元填列。

5）股东权益项目

（1）“实收资本（股本）”：反映企业各投资者实际投入的资本总额。本项目应根据“实收资本（股本）”科目的期末余额 11 145 600 元填列。

（2）“资本公积”：反映企业资本公积的期末余额。本项目应根据“资本公积”科目的期末余额 4 600 000 元填列。

（3）“盈余公积”：反映企业盈余公积的期末余额。本项目应根据“盈余公积”科目的期末余额 7 800 000 元填列。

（4）“未分配利润”：反映企业尚未分配的利润。本项目应根据“本年利润”和“利润分配”科目的余额计算填列，即

$$2\ 021\ 124.27 + 2\ 729\ 000 = 4\ 750\ 124.27$$

三、现金流量表

（一）现金流量表参考数据（见表 11.6）

表 11.6　现金流量表

2014 年 1 月　　会企 03 表

编制单位：石家庄新华机电配件股份有限公司　　单位：元

项　目	本期金额	上期金额
一、经营活动产生的现金流量		
销售商品、提供劳务收到的现金	1 900 027	
收到的税费返还		
收到其他与经营活动有关的现金	170 700	
经营活动现金流入小计	2 070 727	
购买商品、接受劳务支付的现金	5 857 260.05	
支付给职工以及为职工支付的现金	1 294 995.5	
支付的各项税费	24 770	
支付其他与经营活动有关的现金	55 646	
经营活动现金流出小计	7 232 671.55	
经营活动产生的现金流量净额	−5 161 944.55	
二、投资活动产生的现金流量		
收回投资收到的现金	780 000	

续表

项　目	本期金额	上期金额
取得投资收益收到的现金	56 766.67	
处置固定资产、无形资产和其他长期资产收回的现金净额	13 100	
处置子公司及其他营业单位收到的现金净额		
收到其他与投资活动有关的现金		
投资活动现金流入小计	849 866.67	
购建固定资产、无形资产和其他长期资产支付的现金		
投资支付的现金	208 000	
取得子公司及其他营业单位支付的现金净额		
支付其他与投资活动有关的现金		
投资活动现金流出小计	208 000	
投资活动产生的现金流量净额	641 866.67	
三、筹资活动产生的现金流量		
吸收投资收到的现金		
取得借款收到的现金	200 000	
收到其他与筹资活动有关的现金		
筹资活动现金流入小计	200 000	
偿还债务支付的现金	200 000	
分配股利、利润或偿付利息支付的现金	3 009 000	
支付其他与筹资活动有关的现金		
筹资活动现金流出小计	3 209 000	
筹资活动产生的现金流量净额	-3 009 000	
四、汇率变动对现金及现金等价物的影响		
五、现金及现金等价物净增加额	-7 529 077.88	
加:期初现金及现金等价物余额	8 927 513.65	
六、期末现金及现金等价物余额	1 398 435.77	

现金流量表附注:(数据略)

补充资料	本期金额	上期金额
1. 将净利润调节为经营活动现金流量:		
净利润		
加: 资产减值准备		
固定资产折旧、油气资产折耗、生产性生物资产折旧		
无形资产摊销		
长期待摊费用摊销		
处置固定资产、无形资产和其他长期资产的损失(收益以“-”号填列)		
固定资产报废损失(收益以“-”号填列)		
公允价值变动损失(收益以“-”号填列)		
财务费用(收益以“-”号填列)		
投资损失(收益以“-”号填列)		
递延所得税资产减少(增加以“-”号填列)		
递延所得税负债增加(减少以“-”号填列)		
存货的减少(增加以“-”号填列)		
经营性应收项目的减少(增加以“-”号填列)		
经营性应付项目的增加(减少以“-”号填列)		
其他		
经营活动产生的现金流量净额		
2. 不涉及现金收支的重大投资和筹资活动:		
债务转为资本		
一年内到期的可转换公司债券		
融资租入固定资产		
3. 现金及现金等价物净变动情况:		
现金的期末余额		
减:现金的期初余额		
加:现金等价物的期末余额		
减:现金等价物的期初余额		
现金及现金等价物净增加额		

(二)现金流量表编制指导

1. 经济活动产生的现金流量

(1)"销售商品、提供劳务收到的现金":本项目反映企业销售产品、提供劳务实际收到的库1存现金(含销售收入和应向购买者收取的增值税销项税额),包括本期销售商品、提供劳务收到的库存现金,以及前期销售和提供劳务本期收到的库存现金和本期预收的款项,减去本期销售本期退回的商品和前期销售本期退回的商品支付的库存现金。涉及第1,10,15,27,36业务,即

80 000 + 200 000 + 8 000 + 351 000 + 1 261 027 = 1 900 027

(2)"收到其他与经营活动有关的现金":本项目反映企业除了上述各项目外,收到的其他与经营活动有关的现金流入。涉及第7,32,42,48业务,即

1 200 + 500 + 10 000 + 159 000 = 170 700

(3)"购买商品、接受劳务支付的现金":本项目反映企业购买材料、商品、接受劳务实际支付的库存现金(含货款以及增值税进项税额),包括本期购买商品、接受劳务支付的库存现金,以及本期支付前期购买商品、接受劳务的未付款项和本期预付款项。涉及第3,20,30,31,32,33,34,35,37,40,55,57业务,即

5 680 + 19 720 + 28 080 + 3 089 752. 2 + 1 295 775 + 1 400 + 329 200 + 169 195 + 271. 44 + 9 114. 3 + 50 000 + 579 999. 32 + 279 072. 79 = 5 857 260. 05

(4)"支付给职工以及为职工支付的现金":本项目反映企业实际支付给职工,以及为职工支付的库存现金,包括本期实际支付给职工的工资、奖金、各种津贴和补贴等,以及为职工支付的其他费用。涉及第21,33,40,41业务,即

1 268 435. 5 + 860 + 25 000 + 700 = 1 294 995. 50

(5)"支付的各种税费":本项目反映企业当期实际上缴税部门的各种税金,以及支付的教育费附加、印花税等。涉及第5业务"应交税费"24 770元。

(6)"支付的其他与经营活动有关的现金":本项目反映企业支付的其他与经营活动有关的库存现金流出,如罚款支出、支付的差旅费、业务招待费、保险费等。涉及第12,27,37,41,49,50,52,53,54,59业务,即

1 400 + 600 + 14 480 + 480 + 218 + 500 + 33 908 + 1 960 + 400 + 1 700 = 55 646

2. 投资活动产生的库存现金流量

(1)"收回投资所收到的现金":本项目反映企业出售、转让或到期收回除库存现金等价物以外的短期投资、长期股权投资而收到的库存现金,以及收回长期债权投资本金而收到的库存现金。涉及第39,54业务,即

100 000 + 680 000 = 780 000

(2)"取得投资收益收到的现金":本项目反映企业因各种投资而分得的现金股利、利润、利息等。涉及第39,43,45业务,即

24 000 + 5 000 + 27 766. 67 = 56 766. 67

(3)"处置固定资产、无形资产和其他长期资产而收回的现金净额":本项目反映

企业出售固定资产、无形资产和其他长期资产所取得的库存现金，减去为处置这些资产而支付的有关费用后的净额。涉及第65业务，即

$$13\ 000 + 300 - 200 = 13\ 100$$

(4)“投资所支付的现金”：本项目反映企业对外进行权益性投资和债权性投资所支付的现金。涉及第8业务208 000元。

3. 筹资活动产生的库存现金流量净额

(1)“取得借款所收到的现金”：本项目反映企业举借各种短期、长期借款所收到的库存现金。涉及第16业务200 000元。

(2)“偿付债务所支付的现金”：本项目反映企业以库存现金偿还债务的本金。涉及第9业务20 0000元。

(3)“分配股利、利润或偿付利息支付的现金”：本项目反映企业实际支付的现金股利、利润，以及支付的借款利息和债券利息等。涉及第9,47业务，即

$$9\ 000 + 3\ 000\ 000 = 3\ 009\ 000$$

4. 汇率变动对库存现金流量的影响

本期业务不涉及汇率变动对库存现金流量的影响。

5. 现金及现金等价物净增加额

经营活动产生的库存现金流量净额、投资活动产生的库存现金流量净额与筹资活动产生的库存现金流量净额的合计为

$$(-5\ 161\ 944.55) + 641\ 866.67 + (-300\ 9000) = -7\ 529\ 077.88$$

6. 期初、期末现金及现金等价物余额

“现金的期末余额”：根据资产负债表中的“货币资金”的期末数1 398 435.77元填列。

“现金的期初余额”：根据资产负债表中的“货币资金”的期初数8 927 513.65元填列。

附　录

附录 A

业务 001　附原始凭证 2 张，见凭证 1-1/2，1-2/2

凭证 1-1/2

中国工商银行　　进　账　单（收账通知）　　3

2014 年 1 月 1 日

出票人	全　称	胜利一公司	收款人	全　称	石家庄新华机电配件股份有限公司
	账　号	4588-018		账　号	11-8868-228
	开户银行	张家口市工行桥东支行		开户银行	石家庄市工商银行长安分行桥东支行
金额	人民币（大写）	伍万元整			亿 千 百 十 万 千 百 十 元 角 分 ¥ 5 0 0 0 0 0 0
票据种类	转账支票	票据张数	1		
票据号码					
	复核	记账			开户银行签章

工商银行长安分行桥东支行 2014年1月1日 转讫

此联是开户行给收款人的收账通知

凭证 1-2/2

中国工商银行　　进　账　单（收账通知）　　3

2014 年 1 月 1 日

出票人	全　称	华建公司	收款人	全　称	石家庄新华机电配件股份有限公司
	账　号	6-3311-112		账　号	11-8868-228
	开户银行	石家庄市工行裕华支行		开户银行	石家庄市工商银行长安分行桥东支行
金额	人民币（大写）	叁万元整			亿 千 百 十 万 千 百 十 元 角 分 ¥ 3 0 0 0 0 0 0
票据种类	转账支票	票据张数	1		
票据号码					
	复核	记账			开户银行签章

工商银行长安分行桥东支行 2014年1月1日 转讫

此联是开户行给收款人的收账通知

业务 002 附原始凭证 4 张，见凭证 2-1/4，2-2/4，2-3/4，2-4/4

凭证 2-1/4

河北增值税专用发票

记账联

1300061520

No 3163101

开票日期：2014 年 1 月 1 日

购货单位	名称：华建公司 纳税人识别号：130350586025081 地址、电话：(0311) 85887652 开户行及账号：石家庄市工商银行裕华支行 6-3311-112	密码区	>50+/4-62750831/049<1 加密版本：01 99302352+00>*4248/+8< 11300061520 372027+43*3/>732<7-02 01117048 4-5/89-3/55*+1-21>01-

货物或应税劳务名称	规格型号	单位	数量	单价	金额	税率	税额
甲产品		件	100	800.00	80 000.00	17%	13 600.00
合计					80 000.00	17%	13 600.00
价税合计（大写）	⊗ 玖万叁仟陆佰元整				（小写）¥：93 600.00		

销货单位	名称：石家庄新华机电配件股份有限公司 纳税人识别号：130150577012074 地址、电话：(0311)85887711 开户行及账号：工商银行长安分行桥东支行 11-8868-228	备注	石家庄新华机电配件股份有限公司 130150577012074 发票专用章

收款人：李圆 复核： 开票人：马琛 销货单位：（章）

第三联：记账联 销货方作销售的记账凭证

凭证 2-2/4

石家庄新华机电配件股份有限公司产成品出库单

购货单位：华建公司 编号：20140101

业务员：马丽静 2014 年 1 月 1 日 仓库：产成品仓库

类别	编号	名称及规格	计量单位	数量		单位定额成本	定额总成本
				请购	实发		
主要产品		甲产品	件	100	100	477.20	47 720.00
合计							47 720.00

仓库主管 范翔 记账 张梅 发货人 王冬冬 经办人 于俊

第二联 记账联

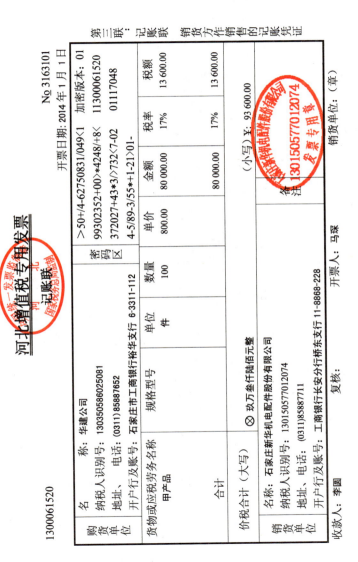

凭证 2-3/4

石家庄新华机电配件股份有限公司产成品出库单

购货单位：三达公司　　　　编号：20140102

业务员：马丽静　　2014 年 1 月 1 日　　仓库：产成品仓库

类别	编号	名称及规格	计量单位	数量		单位定额成本	定额总成本
				请购	实发		
主要产品		丙产品	件	200	200	887.50	177 500.00
合计							177 500.00

第二联 记账联

仓库主管 范翔　　记账 张梅　　发货人 王冬冬　　经办人 于俊

凭证 2-4/4

河北增值税专用发票

记账联

全国统一发票监制章 河北 国家税务总局监制

1300061520　　No 3163102

开票日期：2014 年 1 月 1 日

购货单位	名称：三达公司 纳税人识别号：130189456027097 地址、电话：(0311)86982513 开户行及账号：工行富强支行 47-4938-99			密码区	>50+/4-62750831/049<1 99302352+00>*4248/+8< 372027+43*3/>732<7-02 4-5/89-3/55*+1-21>02-	加密版本：01 1130006152 0 01117048	
货物或应税劳务名称	规格型号	单位	数量	单价	金额	税率	税额
丙产品		件	200	1 050.00	210 000.00	17%	35 700.00
合计					210 000.00	17%	35 700.00
价税合计（大写）	⊗ 贰拾肆万伍仟柒佰元整				（小写）¥：245 700.00		
销货单位	名称：石家庄新华机电配件股份有限公司 纳税人识别号：130150577012074 地址、电话：(0311)85887711 开户行及账号：工商银行长安分行桥东支行 11-8868-228			备注	石家庄新华机电配件股份有限公司 130150577012074 发票专用章		

第三联：记账联　销货方作销售的记账凭证

收款人：李圆　　复核：　　开票人：马琛　　销货单位：（章）

业务 003　附原始凭证 5 张，见凭证 3-1/5，3-2/5，3-3/5，3-4/5，3-5/5

凭证 3-1/5

石家庄新华机电配件股份有限公司包装物入库单

仓库名称：包装物库　　　　2014 年 1 月 1 日　　　　No：20140101

名称	材质	规格	计量单位	数量	单价	金额	运费	金额合计	发货单位
塑钢箱			只	100	40	4 000	930	4 930.00	华冀箱包公司
									实际单位成本
									塑钢箱　49.30
合计								4 930.00	

第二联　记账联

仓库主管 范翔　　记账 张梅　　验收人 陈楠　　采购人 李伟浩

凭证 3-2/5

铁路运输费专用发票

全国统一发票监制章　国家税务总局监制

运输号码　6667

发站	广州	到站	石家庄	车种车号		货车自重	
集装箱型		运到期限		保价金额		运价里程	
收货人 全称	新华机电股份公司	发货人 全称	华冀箱包公司			现付费用	
收货人 地址	石家庄市槐南路 188 号	发货人 地址	广州市中山路			项目	金额
货物名称	件数	货物质量	计费质量	运价号	运价率	附记	运费 1 000.00
塑钢箱	100						
发货人声明事项							
铁路声明事项						合计	¥1 000.00

报销凭证

2014年1月1日广州市铁路分局

广州市铁路分局　结算专用章

发站经办人：　　　　到站经办人：

凭证 3-3/5

中国工商银行
转账支票存根（冀）
$\frac{B\ K}{0\ 2}$ 023016701

附加信息

出票日期 2014 年 1 月 1 日

收款人：	华冀箱包公司
金　额：	5 680.00
用　途：	购入塑钢箱

单位主管 王强　会计

凭证 3-4/5

广东增值税专用发票

全国统一发票监制章　广东　国家税务总局监制

抵扣联

1300061520　　No 01117011

开票日期:2014 年 1 月 1 日

购货单位	名　　称：石家庄新华机电配件股份有限公司 纳税人识别号：130150577012074 地址、电话：(0311)85887711 开户行及账号：工商银行长安分行桥东支行 11-8868-228			密码区	>50+/4-62750831/049<1 99302352+00>*4248/+8< 372027+43*3/>732<7-02 4-5/89-3/55*+1-21>03-	加密版本：01 11300061520 01117043	
货物或应税劳务名称	规格型号	单位	数量	单价	金额	税率	税额
塑钢箱		只	100	40.00	4 000.00	17%	680.00
合计					4 000.00	17%	680.00
价税合计（大写）	⊗肆仟陆佰捌拾零元整				（小写）¥：4 680.00		
销货单位	名称：华冀箱包公司 纳税人识别号：132563874590112 地址、电话：(020)85885794 开户行及账号：广州市工商行分理处 11-225-10			备注	华冀箱包公司 132563874590112 发票专用章		

收款人：　　复核：　　开票人：宋姗姗　　销货单位：（章）

第一联：抵扣联　购货方作扣税凭证

凭证 3-5/5

广东增值税专用发票

发票联

1300061520　　　　No 01117011

开票日期:2014 年 1 月 1 日

购货单位	名　　称：石家庄新华机电配件股份有限公司 纳税人识别号：130150577012074 地址、电话：(0311) 85887711 开户行及账号：工商银行长安分行桥东支行 11-8868-228			密码区	>50+/4-62750831/049<1 99302352+00>*4248/+8< 372027+43*3/>732<7-02 4-5/89-3/55*+1-21>03-	加密版本：01 1130006152 01117043	
货物或应税劳务名称	规格型号	单位	数量	单价	金额	税率	税额
塑钢箱		只	100	40.00	4000.00	17%	680.00
合计					4000.00	17%	680.00
价税合计（大写）	⊗肆仟陆佰捌拾零元整				（小写）¥：4 680.00		
销货单位	名称：华冀箱包公司 纳税人识别号：132563874590112 地址、电话：(020) 85885794 开户行及账号：广州市工商行分理处 11-225-10				备注	华冀箱包公司 132563874590112 发票专用章	

收款人：　　复核：　　开票人：宋姗姗　　销货单位：（章）

第二联：发票联　购货方记账凭证

业务 004　附原始凭证 3 张，见凭证 4-1/3，4-2/3，4-3/3

凭证 4-1/3

石家庄新华机电配件股份有限公司原材料入库单

仓库名称：原材料库　　2014 年 1 月 1 日　　No：20140101

名称	材质	规格	单位	数量		计划单价	计划成本	运费	实际成本	发货单位
				送验	实收					永利公司
A 材料			kg	2 000	2 000	100	200 000		196 000.00	
										材料成本差异
合 计							200 000		196 000.00	-4 000

仓库主管 范翔　　记账 张梅　　验收人 陈楠　　采购人 李伟浩

第二联　记账联

凭证 4-2/3

河北增值税专用发票

抵扣联

1300061520　　　　No 01117012

开票日期:2014 年 1 月 1 日

购货单位	名　称：石家庄新华机电配件股份有限公司 纳税人识别号：130150577012074 地址、电话：(0311)85887711 开户行及账号：工商银行长安分行桥东支行 11-8868-228			密码区	>50+/4-62750831/049<1　加密版本：01 99302352+00>*4248/+8<　11300061520 372027+43*3/>732<7-02　01117043 4-5/89-3/55*+1-21>04-		
货物或应税劳务名称	规格型号	单位	数量	单价	金额	税率	税额
A 材料		kg	2 000	98.00	196 000.00	17%	33 320.00
合计					196 000.00	17%	33 320.00
价税合计（大写）	⊗贰拾贰万玖仟叁佰贰拾元整				（小写）¥：229 320.00		
销货单位	名称：永利公司 纳税人识别号：130150588025080 地址、电话：(0311)86053217 开户行及账号：工商银行翟营支行 65-1021-118			备注	永利公司 130150588025080 发票专用章		

收款人：　　复核：　　开票人：王德星　　销货单位：（章）

第一联：抵扣联　购货方作扣税凭证

凭证 4-3/3

河北增值税专用发票

发票联

1300061520　　　　No 01117012

开票日期:2014 年 1 月 1 日

购货单位	名　称：石家庄新华机电配件股份有限公司 纳税人识别号：130150577012074 地址、电话：(0311)85887711 开户行及账号：工商银行长安分行桥东支行 11-8868-228			密码区	>50+/4-62750831/049<1　加密版本：01 99302352+00>*4248/+8<　11300061520 372027+43*3/>732<7-02　01117043 4-5/89-3/55*+1-21>04-		
货物或应税劳务名称	规格型号	单位	数量	单价	金额	税率	税额
A 材料		kg	2 000	98.00	196 000.00	17%	33 320.00
合计					196 000.00	17%	33 320.00
价税合计（大写）	⊗贰拾贰万玖仟叁佰贰拾元整				（小写）¥：229 320.00		
销货单位	名称：永利公司 纳税人识别号：130150588025080 地址、电话：(0311)86053217 开户行及账号：工商银行翟营支行 65-1021-118			备注	永利公司 130150588025080 发票专用章		

收款人：　　复核：　　开票人：王德星　　销货单位：（章）

第二联：发票联　购货方记账凭证

业务 005 附原始凭证 4 张，见凭证 5-1/4，5-2/4，5-3/4，5-4/4

凭证 5-1/4

中华人民共和国
税收通用缴款书 地

隶属关系： (20081)冀地缴电： No 456743

注册类型：股份有限公司 填发日期：2014 年 1 月 2 日 征收机关：石家庄市地方税务局

缴款单位（人）			预算科目		
	代码	854585069892329		编码	700300
	全称	石家庄新华机电配件股份有限公司		名称	教育费附加
	开户银行	工商银行长安分行桥东支行		级次	地方级
	账号	11-8868-228	收款国库		桥东支行

税款所属时期	2012 年 12 月 1—31 日		税款限缴日期	2013 年 1 月 10 日	
品目名称	课税数量	计税金额或销售收入	税率或单位税额	已缴或扣除额	实缴金额
增值税		7 000.00	0.04		280.00
金额合计	（大写）⊗贰佰捌拾元零角零分				￥280.00
缴款单位（人）（盖章）经办人（章）	税务机关（盖章）填票人（章）	上列款项已收妥并划转收款单位账户 国库（银行）盖章 年 月 日			备注

无银行收讫章无效

第一联（收据） 国库（银行）收款盖章后退缴款单位（人）作完税凭证

逾期不缴按税法规定加收滞纳金

凭证 5-2/4

中华人民共和国
税收通用缴款书

地

隶属关系：　　　　　　　　　　　　　　　　(20081)冀地缴电：　No　456849

注册类型：股份有限公司　　填发日期：2014 年 1 月 2 日　　征收机关：石家庄市地方税务局

缴款单位（人） 代码	854585069892329		预算科目 编码	10060	
全称	石家庄新华机电配件股份有限公司		名称	城市维护建设税	
开户银行	工商银行长安分行桥东支行		级次	地方级	
账号	11-8868-228		收款国库	桥东支行	
税款所属时期	2012 年 12 月 1—31 日		税款限缴日期	2013 年 1 月 10 日	
品目名称	课税数量	计税金额或销售收入	税率或单位税额	已缴或扣除额	实缴金额
增值税		7 000.00	0.07		490.00
金额合计	（大写）⊗肆佰玖拾元零角零分				¥490.00
缴款单位（人）（盖章） 经办人（章）	税务机关（盖章） 填票人（章）	上列款项已收妥并划转收款单位账户 国库（银行）盖章　年　月　日			备注

逾期不缴按税法规定加收滞纳金

无银行收讫章无效

第一联（收据）　国库（银行）收款盖章后退缴款单位（人）作完税凭证

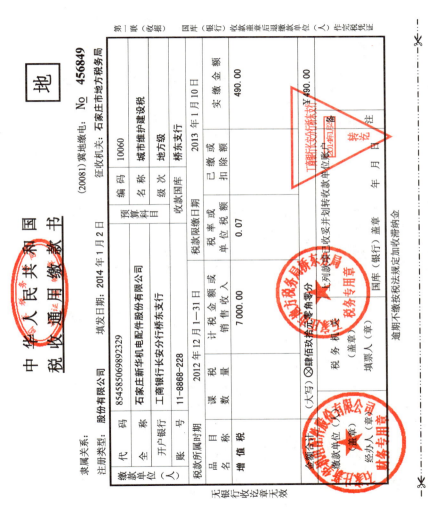

凭证 5-3/4

中华人民共和国
税收通用缴款书

国

隶属关系：　　　　　　　　　　　　　　　　(20081) 冀国缴电：　No　0311758

注册类型：股份有限公司　　填发日期：2014 年 1 月 2 日　　征收机关：石家庄市国家税务局

缴款单位（人）	代　码	854585069892329		预算科目	编　码	010103
	全　称	石家庄新华机电配件股份有限公司			名　称	股份制企业增值税
	开户银行	市工商银行长安分行桥东支行			级　次	中央级
	账　号	11-8868-228		收款国库		石家庄支库
税款所属时期	2012 年 12 月 1—31 日			税款限缴日期	2013 年 1 月 10 日	
品目名称	课税数量	计税金额或销售收入	税率或单位税额	已缴或扣除额	实缴金额	
机械配件制造		78 226. 56	0. 17	6 965. 12	7 000. 00	
金额合计	（大写）⊗柒仟元整				¥ 7 000. 00	
缴款单位（人）（盖章）经办人（章）	税务机关（盖章）填票人（章）	上列款项已收妥并划转收款单位账户　国库（银行）盖章　年　月　日			备注	

第一联（收据）国库（银行）收款盖章后退缴款单位（人）作完税凭证

无银行收讫章无效

逾期不缴按税法规定加收滞纳金

凭证 5-4/4

中华人民共和国
税收通用缴款书 ㊖

隶属关系：　　　　　　　　　　　　　　　　(20081)冀国缴电：No 0311843

注册类型：股份有限公司　　填发日期：2014 年 1 月 2 日　　征收机关：石家庄市国家税务局

缴款单位（人）	代码	854585069892329	预算科目	编码	048304	
	全称	石家庄新华机电配件股份有限公司		名称	企业所得税	
	开户银行	市工商银行长安分行桥东支行		级次	中央级	
	账号	11-8868-228		收款国库	石家庄支库	
税款所属时期	2012 年 12 月 1—31 日		税款限缴日期	2013 年 1 月 15 日		
品目名称	课税数量	计税金额或销售收入	税率或单位税额	已缴或扣除额	实缴金额	
机械配件制造		108 000.00	0.25	10 000.00	17 000.00	
金额合计	（大写）⊗壹万柒仟元整				¥17 000.00	
缴款单位（人）（盖章）经办人（章）	税务机关（盖章）填票人（章）	上列款项已收妥并划转收款单位账户 国库（银行）盖章　年　月　日			备注	

无银行收讫章无效

第一联（收据）国库（银行）收款盖章后退缴款单位（人）作完税凭证

逾期不缴按税法规定加收滞纳金

业务 006　附原始凭证 4 张，见凭证 6-1/4，6-2/4，6-3/4，6-4/4

凭证 6-1/4

石家庄新华机电配件股份有限公司原材料入库单

仓库名称：原材料库　　　　2014 年 1 月 2 日　　　　No：20140102

名称	材质	规格	单位	数量		计划单价	计划成本	运费	实际成本	发货单位
				送验	实收					
D 材料			kg	15200	15200	15	228 000		225 000.00	天缘公司
										材料成本差异
合 计							228 000		225 000.00	-3 000.00

第二联 记账联

仓库主管 范翔　　记账 张梅　　验收人 陈楠　　采购人 李伟浩

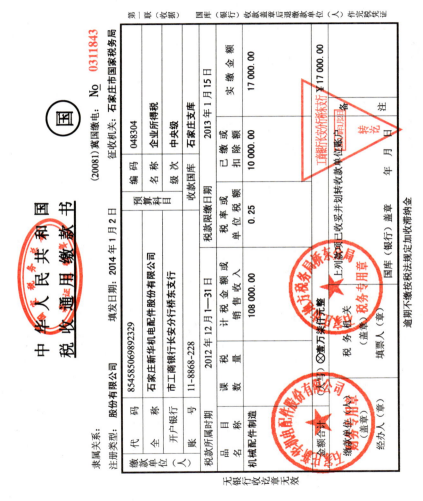

凭证 6-2/4

石家庄新华机电配件股份有限公司原材料入库单

仓库名称：原材料库　　2014 年 1 月 2 日　　No：20140103

名称	材质	规格	单位	数量		计划单价	计划成本	运费	实际成本	发货单位
				送验	实收					永利公司
C 材料			kg	5 000	5 000	40	200 000		200 000.00	
										材料成本差异
合 计							200 000		200 000.00	

第二联　记账联

仓库主管 范翔　　记账 张梅　　验收人 陈楠　　采购人 李伟浩

凭证 6-3/4

石家庄新华机电配件股份有限公司原材料入库单

仓库名称：原材料库　　2014 年 1 月 2 日　　No：20140104

名称	材质	规格	单位	数量		计划单价	计划成本	运费	实际成本	发货单位
				送验	实收					永利公司
A 材料			kg	4 800	4 800	100	480 000		475 000.00	
										材料成本差异
合 计							480 000		475 000.00	-5 000.00

第二联　记账联

仓库主管 范翔　　记账 张梅　　验收人 陈楠　　采购人 李伟浩

凭证 6-4/4

石家庄新华机电配件股份有限公司原材料入库单

仓库名称：原材料库　　2014 年 1 月 2 日　　No：20140105

名称	材质	规格	单位	数量		计划单价	计划成本	运费	实际成本	发货单位
				送验	实收					意达公司
B 材料			kg	11 690	11 690	117.62	1 374 977.80		1 380 000.00	
										材料成本差异
合 计							1 374 977.80		1 380 000.00	5 022.20

第二联　记账联

仓库主管 范翔　　记账 张梅　　验收人 陈楠　　采购人 李伟浩

业务 007　附原始凭证 3 张，见凭证 7-1/3，7-2/3，7-3/3

凭证 7-1/3

石家庄新华机电配件股份有限公司包装物出库单

领用单位：销售部门　　　　编号：20140101

用　途：出租　　2014 年 1 月 2 日　　仓库：包装物仓库

类别	编号	名称及规格	计量单位	数量		单位实际成本	定额总成本
				请购	实发		
包装物		塑钢箱	只	30	30	49.30	1479.00
合　计							1479.00

第二联　记账联

仓库主管　范翔　　记账　张梅　　发货人　王冬冬　　经办人　于俊

凭证 7-2/3

中国工商银行　进　账　单（收账通知）　3

2014 年 1 月 2 日

出票人	全　称	艾达公司	收款人	全　称	石家庄新华机电配件股份有限公司
	账　号	33-1933-448		账　号	11-8868-228
	开户银行	石家庄市工行槐底支行		开户银行	石家庄市工商银行长安分行栋东支行
金额	人民币（大写）壹仟贰佰元整			亿千百十万千百十元角分	¥ 1 2 0 0 0 0
票据种类	转账支票	票据张数	1		
票据号码					
	复核	记账		开户银行签章	

工商银行长安分行栋东支行　2014年1月2日　转讫

此联是开户行给收款人的收账通知

凭证 7-3/3

石家庄新华机电配件股份有限公司收款收据

缴费（单位）个人姓名：艾达公司　　2014 年 1 月 2 日　　No：080101

收费项目	单位	数量	单价	金额 百十万千百十元角分
出租塑钢箱押金	只	30	40	1 2 0 0 0 0
合计金额（大写）壹仟贰佰元整				¥：1 200.00

石家庄新华机电配件股份有限公司 财务专用章

第二联　记账

财务主管：王强　　记账：　　收款人：赵蒙

业务 008　附原始凭证 2 张，见凭证 8-1/2，8-2/2

凭证 8-1/2

中国工商银行
转账支票存根（冀）
$\frac{BK}{02}$　023016702

附加信息
其中手续费 8 000 元，按公司财务制度要求，记入“投资收益”账户。

出票日期 2014 年 1 月 3 日

收款人：	国安证券公司
金　额：	208 000.00
用　途：	购买华药股票

单位主管 王强　会计

凭证 8-2/2

证券交割单

【证券买入】

资金账号：5037987	客户姓名：新华机电配件股份有限公司
证券代码：002012	证券名称：华药股份
客户代码：4777954	成交价格：20.00
股东账户：364551158	成交数量：10 000
佣　　金：7 000.00	成交金额：200 000.00
印 花 税：600.00	其他费用：390.00
过 户 费：10.00	缴付金额：0
上次库存：0	证券余额：10 000
上次余额：208 000.00	资金余额：0
成交日期：2014-01-03	成交时间：09:40:32
备　　注：	

打印日期：2014-1-3

（印章：石家庄证券登记公司；国安证券公司石家庄建华营业部 业务专用章）

业务 009　附原始凭证 2 张，见凭证 9-1/2，9-2/2

凭证 9-1/2

中国工商银行
转账支票存根（冀）
$\frac{BK}{02}$　023016703

附加信息

出票日期 2014 年 1 月 3 日

收款人：	农业银行
金　额：	209 000.00
用　途：	归还短期借款

单位主管　王强　会计

凭证 9-2/2

石家庄新华机电配件股份有限公司 **归还借款本金、利息审批表**

2014 年 1 月 3 日　　单位：元

借款种类 \ 项目	本金	借款日	到期日	年利息率	计息月数	利息	审批意见
农业银行短期借款	200 000	2013.4.1	2014.1.1	6%	9	9 000.00	同意归还农行短期借款本息合计 209 000元。 王华中 2014.1.3
合　计						9 000.00	

财务主管：王强　　审核：王露　　制表：魏丽贤

业务 010　附原始凭证 1 张，见凭证 10-1/1

凭证 10-1/1

中国工商银行　　**进　账　单**（收账通知）　　3

2014 年 1 月 4 日

出票人	全　称	华达公司	收款人	全　称	石家庄新华机电配件股份有限公司
	账　号	60-3838-121		账　号	11-8868-228
	开户银行	工商银行裕华支行		开户银行	石家庄市工商银行长安分行桥东支行
金额	人民币（大写） 贰拾万元整			亿千百十万千百十元角分	¥ 2 0 0 0 0 0 0 0
票据种类	转账支票	票据张数	1		
票据号码					
	复核	记账		开户银行签章	2014年1月4日 转讫

此联是开户行给收款人的收账通知

（备注：预收华达公司订货款）

业务 011　附原始凭证 3 张，见凭证 11-1/3，11-2/3，11-3/3

凭证 11-1/3

石家庄新华机电配件股份有限公司原材料入库单

仓库名称：原材料库　　2014 年 1 月 5 日　　No：20140106

名称	材质	规格	单位	数量 送验	数量 实收	计划单价	计划成本	运费	实际成本	发货单位
C 材料			kg	2 000	2 000	40	80 000		76 000.00	永利公司
										材料成本差异
合 计							80 000		76 000.00	-4 000.00

第二联 记账联

仓库主管 范翔　　记账 张梅　　验收人 陈楠　　采购人 李伟浩

凭证 11-2/3

河北增值税专用发票

抵扣联

1300061520　　　　No 01117014

开票日期:2014 年 1 月 5 日

购货单位	名　　称：石家庄新华机电配件股份有限公司 纳税人识别号：130150577012074 地址、　电话：(0311)85887711 开户行及账号：工商银行长安分行桥东支行 11-8868-228			密码区	>50+/4-62750831/049<1 99302352+00>*4248/+8< 372027+43*3/>732<7-02 4-5/89-3/55*+1-21>06-		加密版本：01 11300061520 01117043	
货物或应税劳务名称	规格型号	单位	数量	单价	金额	税率	税额	
C材料		kg	2 000	38.00	76 000.00	17%	12 920.00	
合计					76 000.00	17%	12 920.00	
价税合计（大写）	⊗捌万捌仟玖佰贰拾元整				（小写）¥：88 920.00			
销货单位	名称：永利公司 纳税人识别号：130150588025080 地址、电话：(0311)86053217 开户行及账号：石市工商银行翟营支行 65-1021-118			备注	永利公司 130150588025080 发票专用章			

收款人：　　复核：　　开票人：王璐　　销货单位：（章）

第一联：抵扣联　购货方作扣税凭证

凭证 11-3/3

河北增值税专用发票

发票联

1300061520　　　　No 01117014

开票日期:2014 年 1 月 5 日

购货单位	名　　称：石家庄新华机电配件股份有限公司 纳税人识别号：130150577012074 地址、　电话：(0311)85887711 开户行及账号：工商银行长安分行桥东支行 11-8868-228			密码区	>50+/4-62750831/049<1 99302352+00>*4248/+8< 372027+43*3/>732<7-02 4-5/89-3/55*+1-21>06-		加密版本：01 11300061520 01117043	
货物或应税劳务名称	规格型号	单位	数量	单价	金额	税率	税额	
C材料		kg	2 000	38.00	76 000.00	17%	12 920.00	
合计					76 000.00	17%	12 920.00	
价税合计（大写）	⊗捌万捌仟玖佰贰拾元整				（小写）¥：88 920.00			
销货单位	名称：永利公司 纳税人识别号：130150588025080 地址、电话：(0311)86053217 开户行及账号：石市工商银行翟营支行 65-1021-118			备注	永利公司 130150588025080 发票专用章			

收款人：　　复核：　　开票人：王璐　　销货单位：（章）

第二联：发票联　购货方记账凭证

业务 012　附原始凭证 2 张，见凭证 12-1/2，12-2/2

凭证 12-1/2

借　　款　　单

2014 年 1 月 5 日　　　　第 201401 号

<table>
<tr><td>借款单位</td><td colspan="2">采购部</td><td colspan="8">金　额</td></tr>
<tr><td colspan="3" rowspan="2">人民币（大写）：陆佰元整</td><td>十</td><td>万</td><td>千</td><td>百</td><td>十</td><td>元</td><td>角</td><td>分</td></tr>
<tr><td></td><td></td><td>¥</td><td>6</td><td>0</td><td>0</td><td>0</td><td>0</td></tr>
<tr><td colspan="11">借款事由：差旅费</td></tr>
<tr><td>领导批示</td><td>财务负责人</td><td>借款单位负责人</td><td colspan="8">借款人</td></tr>
<tr><td></td><td>王强</td><td>李伟</td><td colspan="8">张平</td></tr>
</table>

现金付讫

凭证 12-2/2

借　　款　　单

2014 年 1 月 5 日　　　　第 201402 号

<table>
<tr><td>借款单位</td><td colspan="2">采购部</td><td colspan="8">金　额</td></tr>
<tr><td colspan="3" rowspan="2">人民币（大写）：捌佰元整</td><td>十</td><td>万</td><td>千</td><td>百</td><td>十</td><td>元</td><td>角</td><td>分</td></tr>
<tr><td></td><td></td><td>¥</td><td>8</td><td>0</td><td>0</td><td>0</td><td>0</td></tr>
<tr><td colspan="11">借款事由：差旅费</td></tr>
<tr><td>领导批示</td><td>财务负责人</td><td>借款单位负责人</td><td colspan="8">借款人</td></tr>
<tr><td></td><td>王强</td><td>张璐</td><td colspan="8">李玲</td></tr>
</table>

现金付讫

业务 013　附原始凭证 2 张，见凭证 13-1/2，13-2/2

凭证 13-1/2

中国工商银行　　**进　账　单**（收账通知）　　**3**

2014 年 1 月 5 日

出票人	全称	石家庄新华机电配件股份有限公司	收款人	全称	石家庄新华机电配件股份有限公司
	账号	11-8868-228		账号	02011-3118-1
	开户银行	工商银行长安分行桥东支行		开户银行	工商银行越秀支行
金额	人民币（大写） 叁拾万元整			亿 千 百 十 万 千 百 十 元 角 分	¥ 3 0 0 0 0 0 0 0
票据种类	银行汇票	票据张数	1	工商银行越秀支行 2014年1月5日 转讫	
票据号码					
	复核	记账		开户银行签章	

此联是开户行给收款人的收账通知

凭证 13-2/2

中国工商银行
转账支票存根（冀）
$\frac{BK}{02}$ 023016704

附加信息

出票日期 2014 年 1 月 5 日

收款人：	石家庄新华机电配件股份有限公司
金额：	300 000.00
用途：	外地采购

单位主管 王强　会计

业务 014　附原始凭证 1 张，见凭证 14-1/1

凭证 14-1/1

中国工商银行
现金支票存根（冀）
$\frac{BK}{02}$ 011027011

附加信息

出票日期 2014 年 1 月 5 日

收款人：石家庄新华机电配件股份有限公司	
金　额：9 000.00	
用　途：李小峰（备用金）	

单位主管 王强 会计

业务 015　附原始凭证 1 张，见凭证 15-1/1

凭证 15-1/1

中国工商银行　　进　账　单（收账通知）　　3

2014 年 1 月 5 日

出票人	全　称	美达公司	收款人	全　称	石家庄新华机电配件股份有限公司
	账　号	25-2401-113		账　号	11-8868-228
	开户银行	石家庄市工行中华支行		开户银行	石家庄市工商银行长安分行桥东支行
金额	人民币（大写）	捌仟元整		亿千百十万千百十元角分	¥800000
票据种类	转账支票	票据张数	1		
票据号码					
	复核	记账			开户银行签章

工商银行长安分行桥东支行
2014年1月5日
转讫

此联是开户行给收款人的收账通知

（备注：收回美达公司前欠货款）

业务 016 附原始凭证 1 张，见凭证 16-1/1

凭证 16-1/1

中国工商银行 借款凭证

日期：2014 年 1 月 5 日　　　　凭证号码：0154980

借款人	石家庄新华机电配件股份有限公司		账号	11-8868-228								
贷款金额	人民币（大写）贰拾万元整		千	百	十	万	千	百	十	元	角	分
				¥	2	0	0	0	0	0	0	0
用途	流动资金贷款	期限	约定还款日期		2014 年 4 月 5 日							
		3 个月	贷款利率	3%（年）	借款合同号码		20140101					
上列贷款已转入借款人的指定账户。												
银行盖章			复核				记账					

（印章：工商银行长安分行东支行 2014.1.5 转讫）

业务 017 附原始凭证 4 张，见凭证 17-1/4，17-2/4，17-3/4，17-4/4

凭证 17-1/4

石家庄新华机电配件股份有限公司 原材料出库单

领料单位：一车间　　　　编号：20140101

用　途：生产甲产品　　2014 年 1 月 5 日　　仓库：原材料仓库

类别	编号	名称及规格	计量单位	数量 请领	数量 实领	计划单价	计划总成本
材料		A 材料	kg	3 160	3 160	100.00	316 000.00
材料		B 材料	kg	2 650	2 650	117.62	311 693.00
合计							627 693.00

第二联 记账联

仓库主管 范翔　　记账 张梅　　发料人 王冬冬　　领料人 王向杰

凭证 17-2/4

石家庄新华机电配件股份有限公司 原材料出库单

领料单位：一车间　　　　编号：20140102

用　途：生产乙产品　　2014 年 1 月 5 日　　仓库：原材料仓库

类别	编号	名称及规格	计量单位	数量 请领	数量 实领	计划单价	计划总成本
材料		B 材料	kg	3 300	3 300	117.62	388 146.00
合计							388 146.00

第二联 记账联

仓库主管 范翔　　记账 张梅　　发料人 王冬冬　　领料人 王向杰

凭证 17-3/4

石家庄新华机电配件股份有限公司 原材料出库单

领料单位：二车间　　　　　　　　　　编号：20140103

用　　途：生产自制半成品　　2014 年1 月5 日　　仓库：原材料仓库

类别	编号	名称及规格	计量单位	数量		计划单价	计划总成本
				请领	实领		
材料		B 材料	kg	1 380	1 380	117.62	162 315.60
材料		C 材料	kg	6 400	6 400	40.00	256 000.00
材料		D 材料	kg	13 000	13 000	15.00	195 000.00
合　计							613 315.60

第二联　记账联

仓库主管 范翔　　记账 张梅　　发料人 王冬冬　　领料人 王向杰

凭证 17-4/4

石家庄新华机电配件股份有限公司 半成品出库单

领料单位：三车间　　　　　　　　　　编号：20140104

用　　途：生产丙产品　　2014 年 1 月 5 日　　仓库：半成品仓库

类别	编号	名称及规格	计量单位	数量		计划单价	计划总成本
				请领	实领		
半成品		自制半成品	件	2 800	2 800	761.20	2 131 360.00
合　计							2 131 360.00

第二联　记账联

仓库主管 范翔　　记账 张梅　　发料人 王冬冬　　领料人 王向杰

业务018　附原始凭证 1 张，见凭证 18-1/1

凭证 18-1/1

证券简称：华药股份　　证券代码：000038　　编号：临 2014-007

华北药业股份有限公司 2013 年度分红派息实施公告（摘录）

本公司及董事会全体成员保证公告内容的真实、准确和完整，对公告的虚假记载、误导性陈述或者重大遗漏负连带责任。

一、公司 2013 年度利润分配方案已经 2014 年 1 月 3 日召开的 2013 年度股东大会审议通过。

二、分红派息方案

（一）具体方案

经冀安会计师事务所冀安（2013）审字第 3369435-A03 号审计报告确认：公司 2013 年度实现合并报表净利润为 88 521 279.78 元，基本每股收益 3.81 元。本年度可供分配利润为 105 920 744.31 元。根据《公司法》、《证券法》、公司《章程》及中国证券监督管理委员会证券机构字［2013］320 号文的有关规定，公司可供分配利润按如下顺序进行分配：

……

（二）发放年度：2013 年度

（三）发放范围：截至 2014 年 1 月 5 日下午上海证券交易所收市后，在中国证券登记结算有限责任公司上海分公司登记在册的公司全体股东。

三、分红派息及转增股本具体实施日期

1. 股权登记日：2014 年 1 月 5 日。

2. 除权除息日：2014 年 1 月 6 日。

3. 现金红利发放日：2014 年 1 月 15 日。

4. 每股税前红利金额：每股派发发现红利 0.50 元（含税）；每 10 股派发现金红利 5.00 元（含税）。

5. 每股税后红利金额：关于个人股东的现金红利，公司根据财政部、国家税务总局关于股息红利个人所得税有关政策（财税［2005］102 号）的规定，按 10% 的税率代扣个人所得税，实际发放现金红利为 0.45 元/股。

……

九、备查文件

公司 2013 年度股东大会决议及公告

特此公告。

华北药业股份有限公司董事会

2014 年 1 月 3 日

（说明：按会计实务惯例，宣告日和发放日在同一个月，可于实际收到的股利时直接做收款的会计处理。但是，为了达到练习确认应收股利和收回应收股利的目的，我们认为地设计了宣告日和发放日在同一个月。请据此确认应收股利）

业务 019 附原始凭证 2 张，见凭证 19-1/2，19-2/2

凭证 19-1/2

石家庄新华机电配件股份有限公司低值易耗品出库单

领用单位：一车间　　　　编号：20140101

用　　途：修理　　2014 年 1 月 6 日　　仓库：低值易耗品仓库

类 别	编 号	名称及规格	计量单位	数量		移动加权平均单价	金 额
				请领	实领		
低耗		工具	套	150	150	400	60 000.00
合 计							60 000.00

第二联 记账联

仓库主管 范翔　　记账 张梅　　发料人 王冬冬　　领用人 王向杰

凭证 19-2/2

石家庄新华机电配件股份有限公司低值易耗品出库单

领用单位：管理部门　　　　编号：20140102

用　　途：办公　　2014 年 1 月 6 日　　仓库：低值易耗品仓库

类 别	编 号	名称及规格	计量单位	数量		移动加权平均单价	金 额
				请领	实领		
低耗		办公桌	张	1	1	400	400.00
低耗		文件柜	个	1	1	1 000	1 000.00
低耗		电风扇	台	2	2	300	600.00
合 计							2 000.00

第二联 记账联

仓库主管 范翔　　记账 张梅　　发料人 王冬冬　　领用人 王向杰

业务020　附原始凭证 6 张，见凭证 20-1/6，20-2/6，20-3/6，20-4/6，20-5/6，20-6/6

凭证 20-1/6

铁路运输费专用发票

运输号码　6667

发站	广州	到站	石家庄	车种车号		货车自重		
集装箱型		运到期限		保价金额		运价里程		
收货人 全称	新华机电股份公司		发货人 全称	广州包装箱公司		现付费用		
收货人 地址	石家庄市槐南路 188 号		发货人 地址	广州市[illegible]		项目	金额	
货物名称	件数	货物质量	计费质量	运价号	运价率	附记	运费	1 000.00
木箱	2 000							
发货人声明事项								
铁路声明事项							合计	¥1 000.00

发站经办人：　　　　到站经办人：

报销凭证

2014年1月6日广州铁路分局

凭证 20-2/6

广东增值税专用发票

抵扣联

1300061520　　No 01117015

检验码：28602960303873892476　　开票日期：2014 年 1 月 6 日

购货单位	名　　称：石家庄新华机电配件股份有限公司 纳税人识别号：130150577012074 地址、电话：(0311) 85887711 开户行及账号：工商银行长安分行桥东支行 11-8868-228			密码区	>50+/4-62750831/049<1 99302352+00>*4248/+8< 372027+43*3/>732<7-02 4-5/89-3/55*+1-21>07-	加密版本：01 11300061520 01117043	
货物或应税劳务名称	规格型号	单位	数量	单价	金额	税率	税额
木箱		个	2 000	8.00	16 000.00	17%	2 720.00
合计					16 000.00	17%	2 720.00
价税合计（大写）	⊗壹万捌仟柒佰贰拾元整				（小写）¥：18 720.00		
销货单位	名称：广州包装箱公司 纳税人识别号：210150588025080 地址、电话：(020) 66053219 开户行及账号：工行越秀支行 168-3343-999				备注	广州包装箱公司 210150588025080 发票专用章	

收款人：　　复核：　　开票人：王照亚　　销货单位：（章）

第一联：抵扣联　购货方作扣税凭证

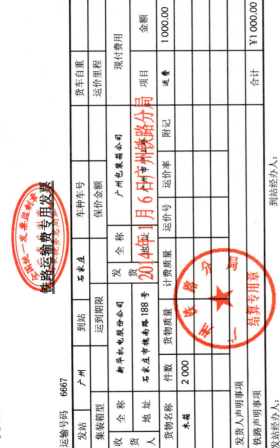

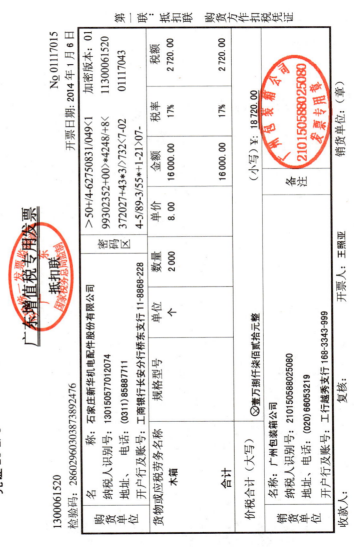

凭证 20-3/6

广东增值税专用发票

发票联

（印章：全国统一发票监制章 广东 国家税务总局监制）

1300061520　　　　No 01117015

开票日期:2014 年 1 月 6 日

购货单位	名　　称：石家庄新华机电配件股份有限公司 纳税人识别号：130150577012074 地址、电话：(0311) 85887711 开户行及账号：工商银行长安分行桥东支行 11-8868-228			密码区	>50+/4-62750831/049<1 99302352+00>*4248/+8< 372027+43*3/>732<7-02 4-5/89-3/55*+1-21>07-	加密版本：01 11300061520 01117043	
货物或应税劳务名称	规格型号	单位	数量	单价	金额	税率	税额
木箱		个	2 000	8.00	16 000.00	17%	2 720.00
合计					16 000.00	17%	2 720.00
价税合计（大写）	⊗壹万捌仟柒佰贰拾元整				（小写）¥：18 720.00		
销货单位	名称：广州包装箱公司 纳税人识别号：210150588025080 地址、电话：(020) 66053219 开户行及账号：工行越秀支行 168-3343-999				备注	（印章：广州包装箱公司 210150588025080 发票专用章）	

收款人：　　复核：　　开票人：王照亚　　销货单位：（章）

第二联：发票联　购货方记账凭证

凭证 20-4/6

石家庄新华机电配件股份有限公司包装物入库单

仓库名称：包装物库　　2014 年 1 月 6 日　　No：20140102

名称	材质	规格	计量单位	数量	单价	金额	运费	金额合计	发货单位
木箱			个	2 000	8	16 000	930	16 930.00	华冀箱包公司
									实际单位成本
									木箱　8.465
合　计								16 930.00	

仓库主管 范翔　　记账 张梅　　验收人 陈楠　　采购人 李伟浩

第二联　记账联

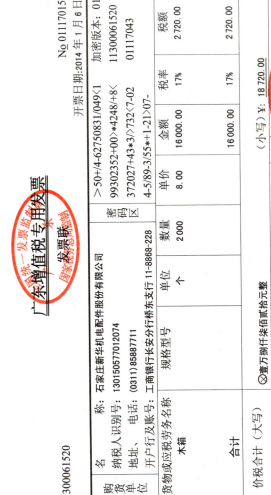

凭证 20-5/6

中国工商银行
转账支票存根（粤）
$\frac{BK}{02}$ 020016001

附加信息
从越秀支行临时账户支付

出票日期 2014 年 1 月 6 日

收款人：	广州包装箱公司
金　额：	18 720.00
用　途：	购进包装用木箱

单位主管 王强　　会计

凭证 20-6/6

中国工商银行
转账支票存根（粤）
$\frac{BK}{02}$ 020016002

附加信息
从越秀支行临时账户支付

出票日期 2014 年 1 月 6 日

收款人：	广州铁路分局
金　额：	1 000.00
用　途：	运费

单位主管 王强　　会计

业务 021　附原始凭证 2 张，见凭证 21-1/2，21-2/2

凭证 21-1/2

中国工商银行

现金支票存根（冀）

$\frac{BK}{02}$　011027012

附加信息

出票日期 2014 年 1 月 6 日

收款人：	新华机电配件股份有限公司
金　额：	1 270 795.50
用　途：	发放工资

单位主管 王强　会计

凭证 21-2/2

石家庄新华机电配件股份有限公司职工工资汇总表

2013 年 12 月 30 日

单位：元

部门 \ 工资构成		基本工资	津贴	医疗保险 7.5%	养老保险 20%	住房公积金 15%	失业保险金 2%	应发工资	代扣费用										实发金额
									水电费	住房公积金		养老保险		医疗保险		失业保险金		小计	
										单位补	个人交 10%	单位补	个人交 8%	单位补	个人交 2%	单位补	个人交 1%		
一车间	生产工人	243 750	56 250	22 500	60 000	45 000	6 000	**433 500**	27 000	45 000	30 000	60 000	24 000	22 500	6 000	6 000	3 000	223 500	**210 000**
	管理人员	16 250	3 750	1 500	4 000	3 000	400	**28 900**	1 800	3 000	2 000	4 000	1 600	1 500	400	400	200	14 900	**14 000**
二车间	生产工人	525 000	9 000	40 050	106 800	80 100	10 680	**771 630**	43 200	80 100	53 400	106 800	42 720	40 050	10 680	10 680	5 340	392 970	**378 660**
	管理人员	19 500	4 500	1 800	4 800	3 600	480	**34 680**	2 160	3 600	2 400	4 800	1 920	1 800	480	480	240	17 880	**16 800**
三车间	生产工人	435 500	100 500	40 200	107 200	80 400	10 720	**774 520**	48 240	80 400	53 600	107 200	42 880	40 200	10 720	10 720	5 360	399 320	**375 200**
	管理人员	26 000	6 000	2 400	6 400	4 800	640	**46 240**	2 880	4 800	3 200	6 400	2 560	2 400	640	640	320	23 840	**22 400**
供水车间		19 500	4 500	1 800	4 800	3 600	480	**34 680**	2 160	3 600	2 400	4 800	1 920	1 800	480	480	240	17 880	**16 800**
供电车间		26 000	6 000	2 400	6 400	4 800	640	**46 240**	2 880	4 800	3 200	6 400	2 560	2 400	640	640	320	23 840	**22 400**
机修车间		32 500	7 500	3 000	8 000	6 000	800	**57 800**	3 600	6 000	4 000	8 000	3 200	3 000	800	800	400	29 800	**28 000**
车队		19 500	4 500	1 800	4 800	3 600	480	**34 680**	2 160	3 600	2 400	4 800	1 920	1 800	480	480	240	17 880	**16 800**
管理部门		140 125	32 025	12 911.25	34 430	25 822.5	3 443	**248 756.75**	15 480	25 822.5	17 215	34 430	13 772	12 911.25	3 443	3 443	1 721.5	128 238.25	**120 518.50**
仓管部门		23 250	5 250	2 137.5	5 700	4 275	570	**41 182.5**	2 560	4 275	2 850	5 700	2 280	2 137.5	570	570	285	21 227.5	**19 955**
销售部门		34 000	7 800	3 135	8 360	6 270	836	**60 401**	3 760	6 270	4 180	8 360	3 344	3 135	836	836	418	31 139	**29 262**
合计		**1 560 875**	**247 575**	**135 633.75**	**361 690**	**271 267.50**	**36 169**	**2 613 210.25**	**157 880**	**271 267.50**	**180 845**	**361 690**	**144 676**	**135 633.75**	**36 169**	**36 169**	**18 084.50**	**1 342 414.75**	**1 270 795.50**

注：1. 采购员李玲（本月工资 860 元）、张平（本月工资 800 元）、一车间职工李明（本月工资 700 元），因出差不在公司暂时未领工资。

2. 代扣水电费 157 880 元，其中代扣生活用水费 84 380 元，代扣生活用电费用 73 500 元。

业务 022　附原始凭证 1 张，见凭证 22-1/1

凭证 22-1/1

石家庄新华机电配件股份有限公司包装物出库单

领用单位：销售部门　　　　编号：20140102

用　　途：销售用包装　　2014 年 1 月 8 日　　仓库：包装物仓库

类别	编号	名称及规格	计量单位	数量		单位定额成本	定额总成本
				请购	实发		
包装物		纸箱	个	2 000	2 000	12	24 000.00
合　计							24 000.00

第二联　记账联

仓库主管 范翔　　记账 张梅　　发货人 王冬冬　　经办人 于俊

业务 023　附原始凭证 3 张，见凭证 23-1/3，23-2/3，23-3/3

凭证 23-1/3

石家庄新华机电配件股份有限公司包装物入库单

仓库名称：包装物库　　2014 年 1 月 8 日　　No：20140101

名称	材质	规格	计量单位	数量	单价	金额	运费	金额合计	发货单位
塑钢箱			只	200	41	8 200		8 200.00	石市第一箱包公司
									实际单位成本
									塑钢箱　41.00
合　计								8 200.00	

第二联　记账联

仓库主管 范翔　　记账 张梅　　验收人 陈楠　　采购人 李伟浩

凭证 23-2/3

河北增值税专用发票

全国统一发票监制章 河北 国家税务总局监制

抵扣联

1300061520　　　　No 01117016

开票日期:2014 年 1 月 8 日

购货单位	名　　称：石家庄新华机电配件股份有限公司 纳税人识别号：130150577012074 地址、　电话：(0311) 85887711 开户行及账号：工商银行长安分行桥东支行 11-8868-228			密码区	>50+/4-62750831/049<1 99302352+00>*4248/+8< 372027+43*3/>732<7-02 4-5/89-3/55*+1-21>09-		加密版本：01 11300061520 01117043
货物或应税劳务名称	规格型号	单位	数量	单价	金额	税率	税额
塑钢箱		只	200	41	8 200.00	17%	1 394.00
合计					8 200.00	17%	1 394.00
价税合计（大写）	⊗玖仟伍佰玖拾肆元整				（小写）¥：9 594.00		
销货单位	名称：　石市第一箱包公司 纳税人识别号：131241688022068 地址、电话：(0311) 85865566 开户行及账号：石市工商行桥东支行 21-3856-588				备注	石市第一箱包公司 131241688022068 发票专用章	

收款人：　　复核：　　开票人：方元稳　　销货单位：（章）

第一联：抵扣联　购货方作扣税凭证

凭证 23-3/3

河北增值税专用发票

全国统一发票监制章 河北省税务局 国家税务总局监制

发票联

1300061520　　　　No 01117043

开票日期:2014 年 1 月 8 日

购货单位	名　　称：石家庄新华机电配件股份有限公司 纳税人识别号：130150577012074 地址、　电话：(0311) 85887711 开户行及账号：工商银行长安分行桥东支行 11-8868-228			密码区	>50+/4-62750831/049<1 99302352+00>*4248/+8< 372027+43*3/>732<7-02 4-5/89-3/55*+1-21>09-		加密版本：01 11300061520 01117043
货物或应税劳务名称	规格型号	单位	数量	单价	金额	税率	税额
塑钢箱		只	200	41	8 200.00	17%	1 394.00
合计					8 200.00	17%	1 394.00
价税合计（大写）	⊗玖仟伍佰玖拾肆元整				（小写）¥：9 594.00		
销货单位	名称：　石市第一箱包公司 纳税人识别号：131241688022068 地址、电话：(0311) 85865566 开户行及账号：石市工商行桥东支行 21-3856-588				备注	现金折扣条件：5/10；3/20；1/30；n/35 石市第一箱包公司 131241688022068 发票专用章	

收款人：　　复核：　　开票人：方元稳　　销货单位：（章）

第二联：发票联　购货方记账凭证

业务 024　附原始凭证 2 张，见凭证 24-1/2，24-2/2

凭证 24-1/2

石家庄新华机电配件股份有限公司产成品出库单

购货单位：华西机电商场　　　　　　　　　　　　　　　　编号：20140103

业 务 员：马丽静　　　　2014 年 1 月 9 日　　　　　　　仓库：产成品仓库

类别	编号	名称及规格	计量单位	数量		单位定额成本	定额总成本
				请购	实发		
主要产品		甲产品	件	1 500	1 500	477.20	715 800.00
主要产品		乙产品	件	2 000	2 000	216.00	432 000.00
合　计							1 147 800.00

第二联 记账联

仓库主管 范翔　　记账 张梅　　发货人 王冬冬　　经办人 于俊

凭证 24-2/2

河北增值税专用发票

记账联

1300061520　　　　　　　　　　　　　　　　　　No 01117103

开票日期：2014 年 1 月 9 日

购货单位	名　　称：华西机电商场 纳税人识别号：130131589027061 地址、电话：(0311)88635247 开户行及账号：工行青园支行 34-6768-339	密码区	>50+/4-62750831/049<1　加密版本：01 99302352+00>*4248/+8<　11300061520 372027+43*3/>732<7-02　01117048 4-5/89-3/55*+1-21>10-

货物或应税劳务名称	规格型号	单位	数量	单价	金额	税率	税额
甲产品		件	1 500	788.00	1 182 000.00	17%	200 940.00
乙产品		件	2 000	430.00	860 000.00	17%	146 200.00
合计					2 042 000.00	17%	347 140.00

价税合计（大写）　⊗贰佰叁拾捌万玖仟壹佰肆拾元整　　（小写）¥：2 389 140.00

销货单位	名称：石家庄新华机电配件股份有限公司 纳税人识别号：130150577012074 地址、电话：(0311)85887711 开户行及账号：工商行长安分行桥东支行 11-8868-228	备注	石家庄新华机电配件股份有限公司 130150577012074 发票专用章

收款人：李圆　　复核：　　开票人：马琛　　销货单位：（章）

第三联：记账联　销货方作销售的记账凭证

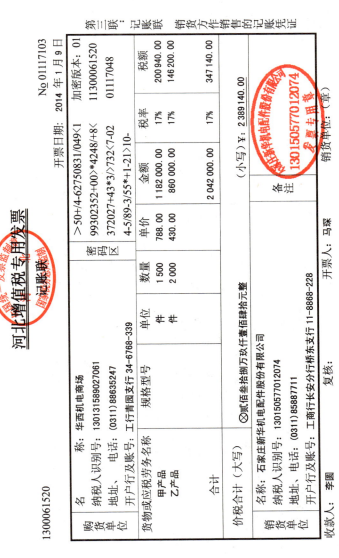

业务 025 附原始凭证 2 张，见凭证 25-1/2，25-2/2

凭证 25-1/2

河北增值税专用发票

记账联

1300061520　　　　No 01117104

开票日期：2014 年 1 月 10 日

购货单位	名称：华联商场 纳税人识别号：130112577008051 地址、电话：(0311)87893225 开户行及账号：工行街道口支行 12-8425-331			密码区	>50+/4-62750831/049<1 99302352+00>*4248/+8< 372027+43*3/>732<7-02 4-5/89-3/55*+1-21>11-		加密版本：01 11300061520 01117048
货物或应税劳务名称	规格型号	单位	数量	单价	金额	税率	税额
丙产品		件	200	1 150.00	230 000.00	17%	39 100.00
合计					230 000.00	17%	39 100.00
价税合计（大写）	⊗贰拾陆万玖仟壹佰元整				（小写）¥：269 100.00		
销货单位	名称：石家庄新华机电配件股份有限公司 纳税人识别号：130150577012074 地址、电话：(0311)85887711 开户行及账号：工商银行长安分行桥东支行 11-8868-228			备注	现金折扣条件：3/10；2/20；1/30；n/40		

第三联：记账联 销货方作销售的记账凭证

收款人：李圆　　复核：　　开票人：马琛　　销货单位：（章）

凭证 25-2/2

石家庄新华机电配件股份有限公司产成品出库单

购货单位：华联商场　　　　编号：20140104

业 务 员：马丽静　　2014 年 1 月 10 日　　仓库：产成品仓库

类别	编号	名称及规格	计量单位	数量		单位定额成本	定额总成本
				请购	实发		
主要产品		丙产品	件	200	200	887.50	177 500.00
合 计							177 500.00

第二联 记账联

仓库主管 范翔　　记账 张梅　　发货人 王冬冬　　经办人 于俊

业务 026 附原始凭证 1 张，见凭证 26-1/1

凭证 26-1/1

石家庄新华机电配件股份有限公司 工程物资出库单

领料单位：三车间　　　　　　　　　　　　　　编号：20140101

用　　途：扩建　　　2014 年 1 月 10 日　　　仓库：工程物资仓库

类别	编号	名称及规格	计量单位	数量 请领	数量 实领	计划单价	计划总成本
工程物资		钢材	t	10	10	2 000	20 000.00
合　计							20 000.00

第二联 记账联

仓库主管 范翔　　记账 张梅　　发料人 王冬冬　　领用人 王向杰

业务 027 附原始凭证 4 张，见凭证 27-1/4，27-2/4，27-3/4，27-4/4

凭证 27-1/4

中国工商银行　　**进　账　单**（收账通知）　　3

2014 年 1 月 10 日

出票人	全　称	河南开封机电公司	收款人	全　称	石家庄新华机电配件股份有限公司
	账　号	18-8425-531		账　号	11-8868-228
	开户银行	开封市工商行		开户银行	石家庄市工商银行长安分行桥东支行
金额	人民币（大写）	叁拾伍万壹仟零佰零拾零元整		亿千百十万千百十元角分	¥35100000
票据种类	电汇	票据张数	1		
票据号码					
复核	记账			开户银行签章	

（印章：工商银行长安分行桥东支行 2014年1月10日 转讫）

此联是开户行给收款人的收账通知

凭证 27-2/4

河北增值税专用发票

记账联

1300061520　　　　No 01117105

开票日期：2014 年 1 月 10 日

购货单位	名　　称：河南开封机电公司 纳税人识别号：180345568045059 地址、　电话：(0371)66983124 开户行及账号：开封市工商行 18-8425-531			密码区	>50+/4-62750831/049<1　加密版本:01 99302352+00>*4248/+8<　11300061520 372027+43*3/>732<7-02　01117048 4-5/89-3/55*+1-21>14-		
货物或应税劳务名称	规格型号	单位	数量	单价	金额	税率	税额
丙产品		件	250	1 200.00	300 000.00	17%	51 000.00
合计					300 000.00	17%	51 000.00
价税合计（大写）	⊗ 叁拾伍万壹仟元整				（小写）¥：351 000.00		
销货单位	名称：石家庄新华机电配件股份有限公司 纳税人识别号：130150577012074 地址、电话：(0311)85887711 开户行及账号：工商银行长安分行桥东支行 11-8868-228			备注	石家庄新华机电配件股份有限公司 130150577012074 发票专用章		

第三联：记账联　销货方作销售的记账凭证

收款人：李圆　　复核：　　开票人：马琛　　销货单位：（章）

凭证 27-3/4

差　旅　费　报　销　单

部门：销售部门　　　　2014 年 1 月 10 日

出发地			到达地			公出补助			车船飞机费	卧铺	住宿费	市内车费	其他	合计金额
月	日	地点	月	日	地点	天数	标准	金额						
1	8	石家庄			郑州									300.00
1	8	郑州			石家庄									300.00
报销合计		人民币（大写）陆佰元整					预借金额	¥	补领金额		¥			
									退换金额		¥			
备　注														

现金付讫

附件 10 张

单位领导：　　财务主管：王强　　公出人姓名：王杰　　审核人：

凭证 27-4/4

石家庄新华机电配件股份有限公司产成品出库单

购货单位：河南开封机电公司　　　　　　　　　　编号：20140105

业 务 员：王海洋　　　2014 年 1 月 10 日　　　仓库：产成品仓库

类别	编号	名称及规格	计量单位	数量		单位定额成本	定额总成本
				请购	实发		
主要产品		丙产品	件	250	250	887.50	221 875.00
合　计							221 875.00

第二联　记账联

仓库主管 范翔　　记账 张梅　　发货人 王冬冬　　经办人 于俊

业务 028　附原始凭证 4 张，见凭证 28-1/4，28-2/4，28-3/4，28-4/4

凭证 28-1/4

石家庄新华机电配件股份有限公司 产成品入库单

仓库名称：产成品仓库　　　2014 年 1 月 10 日　　　No：20140101

名称	材质	规格	计量单位	数量		单位定额成本	定额总成本	送验单位
				送验	实收			
甲产品			件	1 550	1 550	477.20	739 660.00	一车间
合　计							739 660.00	

第二联　记账联

仓库主管 范翔　　记账 张梅　　验收人 陈楠　　送验人 张佳华

凭证 28-2/4

石家庄新华机电配件股份有限公司 产成品入库单

仓库名称：产成品仓库　　　2014 年 1 月 10 日　　　No：20140102

名称	材质	规格	计量单位	数量		单位定额成本	定额总成本	送验单位
				送验	实收			
乙产品			件	2 300	2 300	216	496 800.00	一车间
合　计							496 800.00	

第二联　记账联

仓库主管 范翔　　记账 张梅　　验收人 陈楠　　送验人 张佳华

凭证 28-3/4

石家庄新华机电配件股份有限公司 半成品入库单

仓库名称： 半成品仓库　　　　2014 年 1 月 10 日

名称	材质	规格	计量单位	数量		单位定额成本	定额总成本	送验单位
				送验	实收			
自制半成品			件	780	780	761.20	593 736.00	二车间
合计							593 736.00	

第二联 记账联

仓库主管 范翔　　记账 张梅　　验收人 陈楠　　送验人 张佳华

凭证 28-4/4

石家庄新华机电配件股份有限公司 产成品入库单

仓库名称： 产成品仓库　　　　2014 年 1 月 10 日

名称	材质	规格	计量单位	数量		单位定额成本	定额总成本	送验单位
				送验	实收			
丙产品			件	1 600	1 600	887.50	1 420 000.00	三车间
合计							1 420 000.00	

第二联 记账联

仓库主管 范翔　　记账 张梅　　验收人 陈楠　　送验人 张佳华

业务 029　附原始凭证 3 张，见凭证 29-1/3，29-2/3，29-3/3

凭证 29-1/3

河北增值税专用发票

抵扣联

1300061520　　　　No 01117017

开票日期：2014 年 1 月 11 日

购货单位	名　　称：石家庄新华机电配件股份有限公司 纳税人识别号：130150577012074 地址、　电话：(0311)85887711 开户行及账号：工商行长安分行桥东支行 11-8868-228			密码区	>50+/4-62750831/049<1　加密版本：01 99302352+00>*4248/+8<　11300061520 372027+43*3/>732<7-02　01117043 4-5/89-3/55*+1-21>15-		
货物或应税劳务名称	规格型号	单位	数量	单价	金额	税率	税额
D 材料		kg	8 000	15.50	124 000.00	17%	21 080.00
C 材料		kg	2 000	41.00	82 000.00	17%	13 940.00
合计			10 000		206 000.00	17%	35 020.00
价税合计（大写）	⊗贰拾肆万壹仟零贰拾元整				（小写）¥：241 020.00		
销货单位	名称：天缘公司 纳税人识别号：131251688022085 地址、电话：(0311)85867711 开户行及账号：工商银行长安分行桥东支行 11-8868-228			备注	天缘公司 131251688022085 发票专用章		

收款人：　　复核：　　开票人：方绘京　　销货单位：（章）

第一联：抵扣联　购货方作扣税凭证

凭证 29-2/3

河北增值税专用发票

发票联

1300061520　　　　No 01117017

开票日期：2014 年 1 月 11 日

购货单位	名　　称：石家庄新华机电配件股份有限公司 纳税人识别号：130150577012074 地址、　电话：(0311)85887711 开户行及账号：工商银行长安分行桥东支行 11-8868-228			密码区	>50+/4-62750831/049<1　加密版本：01 99302352+00>*4248/+8<　11300061520 372027+43*3/>732<7-02　01117043 4-5/89-3/55*+1-21>15-		
货物或应税劳务名称	规格型号	单位	数量	单价	金额	税率	税额
D 材料		kg	8 000	15.50	124 000.00	17%	21 080.00
C 材料		kg	2 000	41.00	82 000.00	17%	13 940.00
合计			10 000		206 000.00	17%	35 020.00
价税合计（大写）	⊗贰拾肆万壹仟零贰拾元整				（小写）¥：241 020.00		
销货单位	名称：天缘公司 纳税人识别号：131251688022085 地址、电话：(0311)85867711 开户行及账号：工商行长安分行桥东支行 11-8868-228			备注	天缘公司 131251688022085 发票专用章		

收款人：　　复核：　　开票人：方绘京　　销货单位：（章）

第二联：发票联　购货方记账凭证

凭证 29-3/3

石家庄新华机电配件股份有限公司原材料入库单

仓库名称：原材料库　　2014 年 1 月 11 日　　No：20140107

名称	材质	规格	单位	数量		计划单价	计划成本	运费	实际成本	发货单位
				送验	实收					天缘公司
D材料			kg	8 000	8 000	15	120 000		124 000.00	
C材料			kg	2 000	2 000	40	80 000		82 000.00	材料成本差异
合　计							200 000		206 000.00	6 000.00

第二联　记账联

仓库主管 范翔　　记账 张梅　　验收人 陈楠　　采购人 李伟浩

业务 030　附原始凭证 4 张，见凭证 30-1/4，30-2/4，30-3/4，30-4/4

凭证 30-1/4

石家庄新华机电配件股份有限公司原材料入库单

仓库名称：原材料库　　2014 年 1 月 11 日　　No：20140108

名称	材质	规格	单位	数量		计划单价	计划成本	运费	实际成本	发货单位
				送验	实收					市舒达海绵公司
填充物			kg	1 200	1 200	18	21 600		24 000.00	
										材料成本差异
合　计							21 600		24 000.00	2 400.00

第二联　记账联

仓库主管 范翔　　记账 张梅　　验收人 陈楠　　采购人 李伟浩

凭证 30-2/4

中国工商银行
转账支票存根（冀）
$\frac{BK}{02}$　023016705

附加信息

出票日期　2014 年 1 月 11 日

收款人：	市舒达海绵公司
金　额：	28 080.00
用　途：	购进包装用填充物

单位主管 王强　会计

凭证 30-3/4

河北增值税专用发票

抵扣联

1300061520

No 01117018

开票日期:2014 年 1 月 11 日

购货单位	名称：石家庄新华机电配件股份有限公司 纳税人识别号：130150577012074 地址、电话：(0311)85887711 开户行及账号：工商银行长安分行桥东支行 11-8868-228			密码区	>50+/4-62750831/049<1 99302352+00>*4248/+8< 372027+43*3/>732<7-02 4-5/89-3/55*+1-21>16-	加密版本：01 11300061520 01117043	
货物或应税劳务名称	规格型号	单位	数量	单价	金额	税率	税额
包装物		kg	1 200	20	24 000.00	17%	4 080.00
合计					24 000.00	17%	4 080.00
价税合计（大写）	⊗贰万捌仟零捌拾元整				（小写）¥：28 080.00		
销货单位	名称：石市舒达海绵公司 纳税人识别号：130788356108888 地址、电话：(0311)85832254 开户行及账号：石市工商行裕华路支行 12-3254-123				备注	石市舒达海绵公司 130788356108888 发票专用章	

收款人：　　复核：　　开票人：李书华　　销货单位：（章）

第一联：抵扣联　购货方作扣税凭证

凭证 30-4/4

河北增值税专用发票

发票联

1300061520

No 01117018

开票日期:2014 年 1 月 11 日

购货单位	名称：石家庄新华机电配件股份有限公司 纳税人识别号：130150577012074 地址、电话：(0311)85887711 开户行及账号：工商银行长安分行桥东支行 11-8868-228			密码区	>50+/4-62750831/049<1 99302352+00>*4248/+8< 372027+43*3/>732<7-02 4-5/89-3/55*+1-21>16-	加密版本：01 11300061520 01117043	
货物或应税劳务名称	规格型号	单位	数量	单价	金额	税率	税额
包装物		kg	1 200	20.00	24 000.00	17%	4 080.00
合计					24 000.00	17%	4 080.00
价税合计（大写）	⊗贰万捌仟零捌拾元整				（小写）¥：28 080.00		
销货单位	名称：石市舒达海绵公司 纳税人识别号：130788356108888 地址、电话：(0311)85832254 开户行及账号：石市工商行裕华路支行 12-3254-123				备注	石市舒达海绵公司 130788356108888 发票专用章	

收款人：　　复核：　　开票人：李书华　　销货单位：（章）

第二联：发票联　购货方记账凭证

业务 031　附原始凭证 5 张，见凭证 31-1/5，31-2/5，31-3/5，31-4/5，31-5/5

凭证 31-1/5

浙江增值税专用发票

抵扣联

1300061520　　No 01117019

开票日期:2014 年 1 月 12 日

购货单位	名　　称：石家庄新华机电配件股份有限公司 纳税人识别号：130150577012074 地址、　电话：(0311)85887711 开户行及账号：工商银行长安分行桥东支行 11-8868-228			密码区	>50+/4-62750831/049<1 99302352+00>*4248/+8< 372027+43*3/>732<7-02 4-5/89-3/55*+1-21>16-	加密版本：01 1130006152 01117043	
货物或应税劳务名称	规格型号	单位	数量	单价	金额	税率	税额
A 材料		kg	28 000	102	2 856 000. 00	17%	485 520. 00
B 材料		kg	600	119	71 400. 00	17%	12 138. 00
合计					2 927 400. 00	17%	497 658. 00
价税合计（大写）	⊗叁佰肆拾贰万伍仟零伍拾捌元整				（小写）¥: 3 425 058. 00		
销货单位	名称：意达公司 纳税人识别号：130324688912772 地址、电话：(0311)85861717 开户行及账号：杭州市工行裕华支行 21-3856-292			备注			

收款人：李圆　　复核：　　开票人：马琛　　销货单位：（章）

第一联：抵扣联　购货方作扣税凭证

凭证 31-2/5

浙江增值税专用发票

发票联

1300061520　　No 01117019

开票日期:2014 年 1 月 12 日

购货单位	名　　称：石家庄新华机电配件股份有限公司 纳税人识别号：130150577012074 地址、　电话：(0311)85887711 开户行及账号：工商银行长安分行桥东支行 11-8868-228			密码区	>50+/4-62750831/049<1 99302352+00>*4248/+8< 372027+43*3/>732<7-02 4-5/89-3/55*+1-21>16-	加密版本：01 11300061520 01117043	
货物或应税劳务名称	规格型号	单位	数量	单价	金额	税率	税额
A 材料		kg	28 000	102. 00	2 856 000. 00	17%	485 520. 00
B 材料		kg	600	119. 00	71 400. 00	17%	12 138. 00
合计					2 927 400. 00	17%	497 658. 00
价税合计（大写）	⊗叁佰肆拾贰万伍仟零伍拾捌元整				（小写）¥: 3 425 058. 00		
销货单位	名称：意达公司 纳税人识别号：130324688912772 地址、电话：(0311)85861717 开户行及账号：杭州市工行裕华支行 21-3856-292			备注			

收款人：李圆　　复核：　　开票人：马琛　　销货单位：（章）

第二联：发票联　购货方记账凭证

凭证 31-3/5

铁路运输费专用发票

运输号码：6669

发站	杭州	到站	石家庄	车种车号		货车自重	
集装箱型		运到期限		保价金额		运价里程	
收货人 全称	新华机配股份公司	发货人 全称	意达公司			现付费用	
收货人 地址	石家庄槐南路 188 号	发货人 地址				项目	金额

货物名称	件数	货物质量	计费质量	运价号	运价率	附记	项目	金额
							运费	8 000.00
A 材料		28 000 kg						
B 材料		600 kg						
发货人声明事项								
铁路声明事项							合计	¥8 000.00

报销凭证

发站经办人：　　　　到站经办人：

凭证 31-4/5

石家庄新华机电配件股份有限公司原材料入库单

仓库名称：原材料库　　2014 年 1 月 12 日　　No: 20140109

名称	材质	规格	单位	数量 送验	数量 实收	计划单价	计划成本	运费	实际成本	发货单位
A 材料			kg	28 000	28 000	100	2 800 000	7 283.92	2 863 283.92	意达公司
B 材料			kg	600	600	117.62	70 572	156.08	71 556.08	材料成本差异
										A 材料 63 283.92
合 计							2 870 572	7 440	2 934 840.00	B 材料 984.08

第二联 记账联

仓库主管 范翔　　记账 张梅　　验收人 陈楠　　采购人 李伟浩

凭证 31-5/5

中国工商银行
转账支票存根（冀）
BK/02　023016706
附加信息

出票日期　2014 年 1 月 12 日

收款人：	意达公司
金　额：	3 089 752.20
用　途：	购进材料

单位主管 王强　会计

业务 032　附原始凭证 6 张，见凭证 32-1/6，32-2/6，32-3/6，32-4/6，32-5/6，32-6/6

凭证 32-1/6

辽宁省增值税专用发票

抵扣联

全国统一发票监制章 辽宁 国家税务总局监制

1300061520　　No 01117020

开票日期：2014 年 1 月 12 日

购货单位	名称：石家庄新华机电配件股份有限公司 纳税人识别号：130150577012074 地址、电话：(0311)85887711 开户行及账号：工商银行长安分行桥东支行 11-8868-228			密码区	>50+/4-62750831/049<1 99302352+00>*4248/+8< 372027+43*3/>732<7-02 4-5/89-3/55*+1-21>20-		加密版本：01 11300061520 01117043
货物或应税劳务名称	规格型号	单位	数量	单价	金额	税率	税额
A 材料		kg	3 000	98.50	295 500.00	17%	50 235.00
B 材料		kg	7 000	116.00	812 000.00	17%	138 040.00
合计					1 107 500.00	17%	188 275.00
价税合计（大写）	⊗ 壹佰贰拾玖万伍仟柒佰柒拾伍元整				（小写）¥：1 295 775.00		
销货单位	名称：大连钢铁公司 纳税人识别号：231251688022085 地址、电话：(0411)85876143 开户行及账号：大连市工商行桥东支行 121-3856-19101			备注	大连钢铁公司 231251688022085 发票专用章		

收款人：　　复核：　　开票人：张大为　　销货单位：（章）

第一联：抵扣联　购货方作扣税凭证

凭证 32-2/6

辽宁增值税专用发票

发票联

（印章：全国统一发票监制章 辽宁 国家税务总局监制）

1300061520　　　　No 01117020

开票日期：2014 年 1 月 12 日

购货单位	名称：石家庄新华机电配件股份有限公司 纳税人识别号：130150577012074 地址、电话：(0311)85887711 开户行及账号：工商银行长安分行桥东支行 11-8868-228			密码区	>50+/4-62750831/049<1 99302352+00>*4248/+8< 372027+43*3/>732<7-02 4-5/89-3/55*+1-21>20-		加密版本：01 11300061520 01117043
货物或应税劳务名称	规格型号	单位	数量	单价	金额	税率	税额
A 材料		kg	3 000	98.50	295 500.00	17%	50 235.00
B 材料		kg	7 000	116.00	812 000.00	17%	138 040.00
合计					1 107 500.00	17%	188 275.00
价税合计（大写）	⊗壹佰贰拾玖万伍仟柒佰柒拾伍元整				（小写）¥：1 295 775.00		
销货单位	名称：大连钢铁公司 纳税人识别号：231251688022085 地址、电话：(0411)85876143 开户行及账号：大连市工商行桥东支行 121-3856-19101			备注	（印章：大连钢铁公司 231251688022085 发票专用章）		

第二联：发票联　购货方记账凭证

收款人：　　复核：　　开票人：张大为　　销货单位：（章）

凭证 32-3/6

差 旅 费 报 销 单

部门：采购部门　　　　2014 年 1 月 12 日

出发地			到达地			公出补助			车船飞机费	卧铺	住宿费	市内车费	其他	合计金额
月	日	地点	月	日	地点	天数	标准	金额						
1	4	石家庄	1	5	大连					160				160
1	6	大连	1	7	石家庄	4	20	80		160	200			440
														600
合计	人民币（大写）陆佰元整					预借金额	¥:1 100			补领金额	¥			
										退还金额	¥:500			
备注														

（印章：现金收讫）

附件 10 张

单位领导：　　财务主管：王强　　公出人姓名：张平　　审核人：

凭证 32-4/6

石家庄新华机电配件股份有限公司原材料入库单

仓库名称：原材料库　　2014 年 1 月 12 日　　No：20140110

名称	材质	规格	单位	数量		计划单价	计划成本	运费	实际成本	发货单位
				送验	实收					大连钢铁公司
A 材料			kg	3 000	3 000	100	300 000	390.60	295 890.60	
B 材料			kg	7 000	7 000	117.62	823 340	911.40	812 911.40	材料成本差异
										A 材料-4 109.40
合 计							1 123 340	1 302	1 108 802.00	B 材料-10 428.60

第二联 记账联

仓库主管 范翔　　记账 张梅　　验收人 陈楠　　采购人 李伟浩

凭证 32-5/6

铁路运输费专用发票

运输号码 6525

发站	大连	到站	石家庄	车种车号		货车自重	
集装箱型		运到期限		保价金额		运价里程	
收货人 全称	新华机电股份公司	发货人 全称	大连钢铁公司			现付费用	
收货人 地址		发货人 地址				项目	金额
货物名称	件数	货物质量	计费质量	运价号	运价率	附记	运费 1 400.00
A 材料		3 000 kg					
B 材料		7 000 kg					
发货人声明事项							
铁路声明事项						合计	¥1 400.00

报销凭证

现金付讫

2014 年 1 月 12 日大连铁路分局

发站经办人：　　到站经办人：

凭证 32-6/6

中国工商银行
转账支票存根 （冀）
$\frac{BK}{02}$ 023016707

附加信息

出票日期 2014 年 1 月 12 日

收款人：	大连钢铁公司
金 额：	1 295 775.00
用 途：	购进 A，B 材料

单位主管 王强 会计

业务 033 附原始凭证 7 张，见凭证 33-1/7，33-2/7，33-3/7，33-4/7，33-5/7，33-6/7，33-7/7

凭证 33-1/7

铁路运输费专用发票

（印章：全国统一发票监制章 国家税务总局监制）

运输号码 4522

发站	西安	到站	石家庄	车种车号			货车自重	
集装箱型		运到期限		保价金额			运价里程	
收货人 全称	新华机电股份公司	发货人 全称	西安钢铁公司				现付费用	
收货人 地址		发货人 地址					项目	金额
货物名称	件数	货物质量	计费质量	运价号	运价率	附记	运费	1 600.00
C 材料		5 000 kg						
D 材料		5 000 kg						
发货人声明事项								
铁路声明事项							合计	¥1 600.00

报销凭证

（印章：西安铁路分局结算专用章）

2014 年 1 月 12 日西安铁路分局

发站经办人： 到站经办人：

凭证 33-2/7

陕西增值税专用发票

抵扣联

1300061520　　　　No 01117021

开票日期：2014 年 1 月 12 日

购货单位	名　　称：石家庄新华机电配件股份有限公司 纳税人识别号：130150577012074 地址、电话：(0311)85887711 开户行及账号：工商银行长安分行桥东支行 11-8868-228	密码区	>50+/4-62750831/049<1　加密版本：01 99302352+00>*4248/+8<　11300061520 372027+43*3/>732<7-02　01117043 4-5/89-3/55*+1-21>21-

货物或应税劳务名称	规格型号	单位	数量	单价	金额	税率	税额
C 材料		kg	5 000	42.00	210 000.00	17%	35 700.00
D 材料		kg	5 000	14.00	70 000.00	17%	11 900.00
合计					280 000.00	17%	47 600.00
价税合计（大写）	⊗ 叁拾贰万柒仟陆佰元整				（小写）￥：327 600.00		

销货单位	名称：西安钢铁公司 纳税人识别号：161251688022085 地址、电话：(029) 86758154 开户行及账号：西安市工商行桥东支行 31-3856-911	备注	西安钢铁公司 161251688022085 发票专用章

收款人：　　复核：　　开票人：李远浩　　销货单位：（章）

第一联：抵扣联　购货方作扣税凭证

凭证 33-3/7

陕西增值税专用发票

发票联

1300061520　　　　No 01117021

开票日期：2014 年 1 月 12 日

购货单位	名　　称：石家庄新华机电配件股份有限公司 纳税人识别号：130150577012074 地址、电话：(0311)85887711 开户行及账号：工商银行长安分行桥东支行 11-8868-228	密码区	>50+/4-62750831/049<1　加密版本：01 99302352+00>*4248/+8<　11300061520 372027+43*3/>732<7-02　01117043 4-5/89-3/55*+1-21>21-

货物或应税劳务名称	规格型号	单位	数量	单价	金额	税率	税额
C 材料		kg	5 000	42.00	210 000.00	17%	35 700.00
D 材料		kg	5 000	14.00	70 000.00	17%	11 900.00
合计					280 000.00	17%	47 600.00
价税合计（大写）	⊗ 叁拾贰万柒仟陆佰元整				（小写）￥：327 600.00		

销货单位	名称：西安钢铁公司 纳税人识别号：161251688022085 地址、电话：(029) 86758154 开户行及账号：西安市工商行桥东支行 31-3856-911	备注	西安钢铁公司 161251688022085 发票专用章

收款人：　　复核：　　开票人：李远浩　　销货单位：（章）

第二联：发票联　购货方作记账凭证

凭证 33-4/7

差 旅 费 报 销 单

单位：石家庄新华机电配件股份有限公司　　　　2014 年 1 月 12 日

出发地			到达地			公出补助			车船飞机费	卧铺	住宿费	市内车费	其他	合计金额
月	日	地点	月	日	地点	天数	标准	金额						
1	6	石家庄	1	7	西安					120		60		180
1	10	西安	1	11	石家庄	5	20	100		120	400			620
														800
合计	人民币（大写）捌佰元整					预借金额	¥:800			补领金额 ¥		退换金额 ¥		
备　注														

附件 10 张

现金付讫

单位领导：　　财务主管：王强　　公出人姓名：李玲　　审核人：

凭证 33-5/7

石家庄新华机电配件股份有限公司原材料入库单

仓库名称：原材料库　　　　2014 年 1 月 12 日　　　　No：20140111

名称	材质	规格	单位	数量		计划单价	计划成本	运费	实际成本	发货单位
				送验	实收					西安钢铁公司
C材料			kg	5 000	5 000	40	200 000	744	210 744.00	
D材料			kg	5 000	5 000	15	75 000	744	70 744.00	材料成本差异
合　计							275 000	1 488	281 488.00	C材料 10 744.00 D材料 -4 256.00

第二联　记账联

仓库主管　范翔　　记账　张梅　　验收人　陈楠　　采购人　李伟浩

凭证 33-6/7

领款单

2014 年 1 月 12 日　　　　第 201401 号

领款单位	采购部			金额
人民币（大写）：捌佰陆拾元整				¥860.00
领款事由：12 月份工资				
领导批示	财务负责人	领款单位负责人		领款人
	王强			李玲

现金付讫

凭证 33-7/7

中国工商银行 电汇凭证（回 单）

1

☑ 普通　□ 加急　　委托日期 2014 年 1 月 12 日

汇款人			收款人		
汇款人	全称	石家庄新华机电配件股份有限公司	收款人	全称	西安钢铁公司
汇款人	账号	11-8868-228	收款人	账号	31-3856-911
汇款人	汇出地点	河北省 石家庄市/县	收款人	汇入地点	陕西省西安市/县
汇出行名称		工商银行长安分行桥东支行	汇入行名称		西安市工商行桥东支行
金额	人民币（大写）	叁拾贰万玖仟贰佰元整			¥329 200.00
			支付密码		
			附加信息及用途：		
汇出行签章				复核：	记账：

工商银行长安分行桥东支行 2014年1月12日 转讫

此联汇出行给汇款人的回单

业务034　附原始凭证5张，见凭证34-1/5，34-2/5，34-3/5，34-4/5，34-5/5

凭证34-1/5

全国统一发票监制章 上海市 国家税务总局监制

铁路运输费专用发票

运输号码：2534

发站	上海	到站	石家庄	车种车号		货车自重		
集装箱型		运到期限		保价金额		运价里程		
收货人 全称	石家庄新华机电配件股份有限公司		发货人 全称	上海市美华公司		现付费用		
收货人 地址			发货人 地址			项目	金额	
货物名称	件数	货物质量	计费质量	运价号	运价率	附记	运费	1 300.00
C材料		3 500 kg						
				2014年1月13日上海铁路分局				
发货人声明事项								
铁路声明事项							合计	1 300.00

报销凭证

上海铁路分局 结算专用章

发站经办人：　　　　到站经办人：

凭证34-2/5

全国统一发票监制章 上海市 国家税务总局监制

上海增值税专用发票

抵扣联

1300061520　　　　No 01117022

开票日期：2014年1月13日

购货单位	名称：石家庄新华机电配件股份有限公司 纳税人识别号：130150577012074 地址、电话：(0311)85887711 开户行及账号：工商银行长安分行桥东支行11-8868-228			密码区	>50+/4-62750831/049<1 99302352+00>*4248/+8< 372027+43*3/>732<7-02 4-5/89-3/55*+1-21>22-	加密版本：01 11300061520 01117043	
货物或应税劳务名称	规格型号	单位	数量	单价	金额	税率	税额
C材料		kg	3 500	41.00	143 500.00	17%	24 395.00
合计					143 500.00	17%	24 395.00
价税合计（大写）	⊗壹拾陆万柒仟捌佰玖拾伍元整				（小写）¥：167 895.00		
销货单位	名称：上海美华公司 纳税人识别号：130954578812770 地址、电话：(0311)86053423 开户行及账号：上海市工行虹桥支行65-7219-128			备注	上海美华公司 130954578812770 发票专用章		

第一联：抵扣联　购货方作扣税凭证

收款人：　　复核：　　开票人：冯蓝蓝　　销货单位：（章）

凭证 34-3/5

上海增值税专用发票

（印章：全国统一发票监制章 上海市 国家税务局监制）

发票联

1300061520　　　　No 01117022

开票日期：2014 年 1 月 13 日

购货单位	名　　称：石家庄新华机电配件股份有限公司 纳税人识别号：130150577012074 地址、电话：5887711-2074 开户行及账号：工商银行长安分行桥东支行 11-8868-228	密码区	>50+/4-62750831/049<1 99302352+00>*4248/+8< 372027+43*3/>732<7-02 4-5/89-3/55*+1-21>22-	加密版本：01 11300061520 01117043

货物或应税劳务名称	规格型号	单位	数量	单价	金额	税率	税额
C 材料		kg	3 500	41.00	143 500.00	17%	24 395.00
合计					143 500.00	17%	24 395.00
价税合计（大写）	⊗壹拾陆万柒仟捌佰玖拾伍元整				（小写）¥：167 895.00		

销货单位	名称：上海美华公司 纳税人识别号：130954578812770 地址、电话：(0311)86053423 开户行及账号：上海市工行虹桥支行 65-7219-128	备注	（印章：上海美华公司 130954578812770 发票专用章）

收款人：　　复核：　　开票人：冯蓝蓝　　销货单位：（章）

第二联：发票联　购货方记账凭证

凭证 34-4/5

石家庄新华机电配件股份有限公司原材料入库单

仓库名称：原材料库　　2014 年 1 月 13 日　　No：20140112

名称	材质	规格	单位	数量		计划单价	计划成本	运费	实际成本	发货单位
				送验	实收					正定美华公司
C 材料			kg	3 500	3 500	40	140 000	1 209	144 709.00	
										材料成本差异
合　计							140 000	1 209	144 709.00	4 709.00

仓库主管 范翔　　记账 张梅　　验收人 陈楠　　采购人 李伟浩

第二联　记账联

凭证 34-5/5

中国工商银行
转账支票存根（冀）
BK/02　023016708

附加信息

出票日期 2014 年 1 月 13 日

收款人：	正定美华公司
金　额：	169 195.00
用　途：	购进 C 材料

单位主管 王强　　会计

业务 035　附原始凭证 7 张，见凭证 35-1/7，35-2/7，35-3/7，35-4/7，35-5/7，35-6/7，35-7/7

凭证 35-1/7

河北增值税专用发票

抵扣联

1300061520　　No 01117023

开票日期:2014 年 1 月 13 日

购货单位	名　称：石家庄新华机电配件股份有限公司 纳税人识别号：130150577012074 地址、电话：(0311)85887711 开户行及账号：工商银行长安分行桥东支行 11-8868-228			密码区	>50+/4-62750831/049<1　加密版本：01 99302352+00>*4248/+8<　11300061520 372027+43*3/>732<7-02　01117043 4-5/89-3/55*+1-21>23-		
货物或应税劳务名称	规格型号	单位	数量	单价	金额	税率	税额
润滑油		kg	40	5.80	232.00	17%	39.44
合计					232.00	17%	39.44
价税合计（大写）	⊗贰佰柒拾壹元肆角肆分				（小写）¥：271.44		
销货单位	名称：石市华山商场 纳税人识别号：130950578012070 地址、电话：(0311)86423052 开户行及账号：石市工商行翟营大街支行 65-7859-128				备注	石市华山商场 130950578012070 发票专用章	

收款人：　　复核：　　开票人：杜鹏　　销货单位：（章）

第一联：抵扣联　购货方作扣税凭证

凭证 35-2/7

河北增值税专用发票

（国统一发票监制章 河北 国家税务总局监制）

发票联

1300061520　　　　No 01117023

开票日期：2014 年 1 月 13 日

购货单位	名　　称：石家庄新华机电配件股份有限公司 纳税人识别号：130150577012074 地址、电话：(0311)85887711 开户行及账号：工商银行长安分行桥东支行 11-8868-228			密码区	>50+/4-62750831/049<1　加密版本：01 99302352+00>*4248/+8<　11300061520 372027+43*3/>732<7-02　01117043 4-5/89-3/55*+1-21>23-		
货物或应税劳务名称	规格型号	单位	数量	单价	金额	税率	税额
润滑油		kg	40	5.80	232.00	17%	39.44
合计				5.80	232.00	17%	39.44
价税合计（大写）	⊗贰佰柒拾壹元肆角肆分				（小写）¥：271.44		
销货单位	名称：石市华山商场 纳税人识别号：130950578012070 地址、电话：(0311)86423052 开户行及账号：石市工商行翟营大街支行 65-7859-128			备注	（石市华山商场 130950578012070 发票专用章）		

现金付讫

第二联：发票联　购货方记账凭证

收款人：　　复核：　　开票人：杜鹏　　销货单位：（章）

凭证 35-3/7

石家庄新华机电配件股份有限公司　小额急用辅助材料直接领用单

领料单位：一车间

用　　途：设备维护　　　　2014 年 1 月 13 日　　　　编号：20140105

类　别	编　号	名称及规格	计量单位	数量		单价	总成本
				请领	实领		
辅助材料		润滑油	kg	8	8	5.80	46.40
合　计							46.40

第二联　记账联

仓库主管 范翔　　记账 张梅　　发料人 王冬冬　　领料人 王向杰

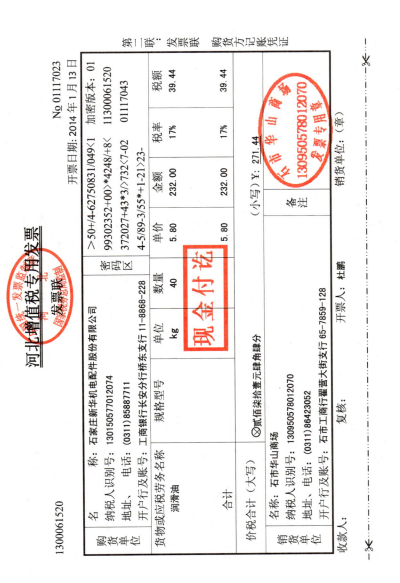

凭证 35-4/7

石家庄新华机电配件股份有限公司 小额急用辅助材料直接领用单

领料单位：二车间

用　途：设备维护　　2014 年 1 月 13 日　　编号：20140106

类别	编号	名称及规格	计量单位	数量		单价	总成本
				请领	实领		
辅助材料		润滑油	kg	8	8	5.80	46.40
合计							46.40

第二联 记账联

仓库主管 范翔　　记账 张梅　　发料人 王冬冬　　领料人 王向杰

凭证 35-5/7

石家庄新华机电配件股份有限公司 小额急用辅助材料直接领用单

领料单位：三车间

用　途：设备维护　　2014 年 1 月 13 日　　编号：20140107

类别	编号	名称及规格	计量单位	数量		单价	总成本
				请领	实领		
辅助材料		润滑油	kg	8	8	5.80	46.40
合计							46.40

第二联 记账联

仓库主管 范翔　　记账 张梅　　发料人 王冬冬　　领料人 王向杰

凭证 35-6/7

石家庄新华机电配件股份有限公司 小额急用辅助材料直接领用单

领料单位：机修车间

用　途：设备维护　　2014 年 1 月 13 日　　编号：20140108

类别	编号	名称及规格	计量单位	数量		单价	总成本
				请领	实领		
辅助材料		润滑油	kg	8	8	5.80	46.40
合计							46.40

第二联 记账联

仓库主管 范翔　　记账 张梅　　发料人 王冬冬　　领料人 王向杰

凭证 35-7/7

石家庄新华机电配件股份有限公司　小额急用辅助材料直接领用单

领料单位：车队

用　　途：设备维护　　　2014 年 1 月 13 日　　　编号：20140109

类别	编号	名称及规格	计量单位	数量		单价	总成本
				请领	实领		
辅助材料		润滑油	kg	8	8	5.80	46.40
合　计							46.40

第二联　记账联

仓库主管　范翔　　记账　张梅　　发料人　王冬冬　　领料人　王向杰

业务 036　附原始凭证 2 张，见凭证 36-1/2，36-2/2

凭证 36-1/2

中国工商银行　　进　账　单（收账通知）　　3

2014 年 1 月 13 日

出票人	全　称	市华联商场	收款人	全　称	石家庄新华机电配件股份有限公司
	账　号	12-8425-331		账　号	11-8868-228
	开户银行	石家庄市工行街道口支行		开户银行	市工商银行长安分行桥东支行
金额	人民币（大写）	贰拾陆万壹仟零贰拾柒元整		亿千百十万千百十元角分	¥26102700
票据种类	转账支票	票据张数	1		
票据号码					
复核	记账			开户银行签章	

工商银行长安分行桥东支行　2014年1月13日　转讫

此联是开户行给收款人的收账通知

凭证 36-2/2

中国工商银行　　进　账　单（收账通知）　　3

2014 年 1 月 13 日

出票人	全　称	石家庄市五交化商场	收款人	全　称	石家庄新华机电配件股份有限公司
	账　号	31-7749-43		账　号	11-8868-228
	开户银行	石家庄市工行中华支行		开户银行	市工商银行长安分行桥东支行
金额	人民币（大写）	壹佰万元整		亿千百十万千百十元角分	¥100000000
票据种类	转账支票	票据张数	1		
票据号码					
复核	记账			开户银行签章	

工商银行长安分行桥东支行　2014年1月13日　转讫

此联是开户行给收款人的收账通知

业务 037 附原始凭证 6 张，见凭证 37-1/6，37-2/6，37-3/6，37-4/6，37-5/6，37-6/6

凭证 37-1/6

中国工商银行
转账支票存根（冀）
$\frac{BK}{02}$ 023016709

附加信息
2014 年 1 月 8 日，购置
塑钢箱，约定 10 天内付款
现金折扣率为：5%

出票日期 2014 年 1 月 13 日

收款人：	市第一箱包公司
金 额：	9 114.30
用 途：	购进塑钢箱

单位主管 王强 会计

凭证 37-2/6

中国工商银行
转账支票存根（冀）
$\frac{BK}{02}$ 023016710

附加信息

出票日期 2014 年 1 月 13 日

收款人：	市大业广告公司
金 额：	8 480.00
用 途：	支付广告摊位费

单位主管 王强 会计

凭证 37-3/6

中国工商银行
转账支票存根（冀）
$\frac{BK}{02}$ 023016711

附加信息

出票日期　2014 年 1 月 13 日

收款人：	天府酒店
金　额：	6 000.00
用　途：	支付业务招待费

单位主管 王强　　会计

凭证 37-4/6

河北增值税专用发票

全国统一发票监制章 河北 国家税务总局监制

抵扣联

1300061520　　No 01117019

开票日期:2014 年 1 月 13 日

购货单位	名　　称：石家庄新华机电配件股份有限公司 纳税人识别号：130150577012074 地址、电话：(0311)85887711 开户行及账号：工商银行长安分行桥东支行 11-8868-228	密码区	>50+/4-62750831/049<1　加密版本：01 99302352+00>*4248/+8<　11300061520 372027+43*3/>732<7-02　01117043 4-5/89-3/55*+1-21>16-

货物或应税劳务名称					金额	税率	税额
广告摊位费					8 000.00	6%	480.00
合计					8 000.00	6%	480.00

价税合计（大写）	⊗ 捌仟肆佰捌拾元整　（小写）¥：8 480.00

销货单位	名称：石家庄大业广告公司 纳税人识别号：130324688910000 地址、电话：(0311) 85861666 开户行及账号：工行裕华支行 21-3856-123	备注	石家庄大业广告公司 130154522601207 4 发票专用章

收款人：李圆　　复核：　　开票人：马琛　　销货单位：（章）

第一联：抵扣联　购货方作扣税凭证

凭证 37-5/6

河北增值税专用发票

全国统一发票监制 河北 国家税务总局监制

发票联

1300061520

№ 01117019

开票日期:2014 年 1 月13日

购货单位	名　　称：石家庄新华机电配件股份有限公司 纳税人识别号：130150577012074 地址、电话：(0311)85887711 开户行及账号：工商银行长安分行桥东支行 11-8868-228	密码区	>50+/4-62750831/049<1　加密版本：01 99302352+00>*4248/+8<　1130006152 0 372027+43*3/>732<7-02　01117043 4-5/89-3/55*+1-21>16-

货物或应税劳务名称					金额	税率	税额
广告摊位费					8 000. 00	6%	480. 00
合计					8 000. 00	6%	480. 00

价税合计（大写）	⊗ 捌仟肆佰捌拾元整	（小写）¥: 8 480. 00

销货单位	名称：石家庄大业广告公司 纳税人识别号：130324688912772 地址、电话：(0311) 85861666 开户行及账号：工行裕华支行 21-3856-123	备注	石家庄大业广告公司 130154522601 2074 发票专用章

收款人：李圆　　复核：　　开票人：马琛　　销货单位：（章）

第二联：发票联　购货方记账凭证

凭证 37-6/6

河北省地方税务局通用机打发票 01 (平推三联)

发　票　联

发票代码:213001110099

发票号码:26349201

发票密码:89064710

开票日期:2014-01-13　　行业分类:服务业-饮食业

付款方名称:石家庄新华机电配件股份有限公司	识别号:	机打代码:213001110099
收款方名称:石家庄市天府酒店	识别号:	机打号码:26349201
税务机关:石家庄市裕华区地方税务局	机关代码:213010600	查询码:004034196409853

项目	金额	备注
餐费	6000. 00	

石家庄市天府酒店 883312345678988 发票专用章

收款人:刑颜华

合计（大写）	人民币陆仟元整	(小写) CN￥6000. 00

第一联　发票联

(手写无效)

业务 038 附原始凭证 2 张，见凭证 38-1/2，38-2/2

凭证 38-1/2

石家庄新华机电配件股份有限公司低值易耗品出库单

领用单位：二车间　　　　　　　　　　　　　　　　编号：20140103

用　途：修理　　　　2014 年 1 月 14 日　　　　仓库：低值易耗品仓库

类别	编号	名称及规格	计量单位	数量 请领	数量 实领	移动加权平均单价	金额
低耗		工具	套	24	24	400	9 600.00
合计							9 600.00

第二联 记账联

仓库主管 范翔　　记账 张梅　　发料人 王冬冬　　领用人 王向杰

凭证 38-2/2

石家庄新华机电配件股份有限公司低值易耗品出库单

领用单位：三车间　　　　　　　　　　　　　　　　编号：20140104

用　途：修理　　　　2014 年 1 月 14 日　　　　仓库：低值易耗品仓库

类别	编号	名称及规格	计量单位	数量 请领	数量 实领	移动加权平均单价	金额
低耗		工具	套	36	36	400	14 400.00
合计							14 400.00

第二联 记账联

仓库主管 范翔　　记账 张梅　　发料人 王冬冬　　领用人 王向杰

业务 039 附原始凭证 2 张，见凭证 39-1/2，39-2/2

凭证 39-1/2

中国工商银行　　进　账　单（收账通知）　　3

2014 年 1 月 14 日

出票人	全称	君创证券建华营业部	收款人	全称	石家庄新华机电配件股份有限公司
	账号	0402001110111		账号	11-8868-228
	开户银行	石家庄工行桥东支行		开户银行	工商银行长安分行桥东支行
金额	人民币（大写）	壹拾贰万肆仟元整		亿千百十万千百十元角分	¥ 1 2 4 0 0 0 0 0
票据种类	转账支票	票据张数	1		
票据号码					
	复核	记账		开户银行签章	

工商银行长安分行桥东支行 2014年1月14日 转讫

此联是开户行给收款人的收账通知

凭证 39-2/2

证券交割单

【证券卖出】

资金账号：	5037987	客户姓名：	新华机电配件股份有限公司
证券代码：	002012	证券名称：	华药股份
客户代码：	4777954	成交价格：	25.00
股东账户：	364551158	成交数量：	5 000
佣　　金：	894.00	成交金额：	125 000.00
印 花 税：	100.00	其他费用：	5.00
过 户 费：	1.00	缴付金额：	124 000.00
上次库存：	1000	证券余额：	0
上次余额：	8 000	资金余额：	124 000.00
成交日期：	2014-01-14	成交时间：	10:40:32
备　　注：			

打印日期：2014-01-14

业务 040　附原始凭证 3 张，见凭证 40-1/3，40-2/3，40-3/3

凭证 40-1/3

中国工商银行　**信汇凭证**（回单）　1

委托日期　2014 年 1 月 14 日

汇款人	全　称	石家庄新华机电配件股份有限公司	收款人	全　称	胜利二公司
	账　号	11-8868-228		账　号	
	汇出地点	河北省石家庄市/县		汇入地点	省　市/县
汇出行名称		工商银行长安分行桥东支行	汇入行名称		工商银行裕华支行
金额	人民币（大写）	伍万元整		亿 千 百 十 万 千 百 十 元 角 分	¥ 5 0 0 0 0 0 0
款项已收入收款人账户		汇出行签章	支付密码		
			附加信息及用途：		
				复核：	记账：

此联汇出行给汇款人的回单

凭证 40-2/3

中国工商银行
转账支票存根（冀）
$\frac{BK}{02}$ 023016712

附加信息

出票日期 2014 年 1 月 14 日

收款人：	工会
金 额：	25 000.00
用 途：	拨付工会经费

单位主管 王强 会计

凭证 40-3/3

中国工商银行
现金支票存根（冀）
$\frac{BK}{02}$ 011027013

附加信息

出票日期 2014 年 1 月 14 日

收款人：	新华机电配件股份有限公司
金 额：	5 000.00
用 途：	李小峰（备用金）

单位主管 王强 会计

业务 041 附原始凭证 2 张，见凭证 41-1/2，41-2/2

凭证 41-1/2

差 旅 费 报 销 单

部门：管理部门　　　　2014 年 1 月 14 日

出发地			到达地			公出补助			车船飞机费	卧铺	住宿费	市内车费	其他	合计金额
月	日	地点	月	日	地点	天数	标准	金额						
1	10	石家庄	1	11	郑州					80		40		120
1	12	郑州	1	13	石家庄	4	20	80		80	200			360
														480
合计	人民币（大写）肆佰捌拾元整					预借金额	¥			补领金额	¥			
										退换金额	¥			
备注														

现金付讫

附件 10 张

单位领导：　　财务主管：王强　　公出人姓名：魏薇　　审核人：

凭证 41-2/2

领　　款　　单

2014 年 1 月 14 日　　　　第 201402 号

领款单位	一车间		金额
人民币（大写）：柒佰元整			十 万 千 百 十 元 角 分 ¥ 7 0 0 0 0
领款事由：12 月份工资			
领导批示	财务负责人	领款单位负责人	领款人
	王强		李明

现金付讫

业务 042　附原始凭证 2 张，见凭证 42-1/2，42-2/2

凭证 42-1/2

中国工商银行　　**进　账　单**（收账通知）　　**3**

2014 年 1 月 15 日

出票人	全　称	中国太平洋财产保险公司河北分公司	收款人	全　称	石家庄新华机电配件股份有限公司
	账　号	88-3536-118		账　号	11-8868-228
	开户银行	工商银行长安支行		开户银行	工商银行长安分行桥东支行
金额	人民币（大写）	壹万元整		亿 千 百 十 万 千 百 十 元 角 分	¥ 1 0 0 0 0 0 0
票据种类	转账支票	票据张数	1		
票据号码					
	复核	记账		开户银行签章	

此联是开户行给收款人的收账通知

工商银行长安分行桥东支行 2014年1月15日 转讫

凭证 42-2/2

石家庄新华机电配件股份有限公司**收款收据**

缴费（单位）
个人姓名：中国太平洋财产保险公司河北分公司　　2014 年 1 月 15 日　　No: 140101

收费项目	单位	数量	单价	金额 百	十	万	千	百	十	元	角	分
保险费						1	0	0	0	0	0	0
合计金额（大写）壹万元整				¥：10 000.00								

第二联 记账

财务主管：王强　　记账：　　收款人：赵蒙

石家庄新华机电配件股份有限公司 财务专用章

业务 043　附原始凭证 1 张，见凭证 43-1/1

凭证 43-1/1

中国工商银行　　**进　账　单**（收账通知）　　**3**

2014 年 1 月 15 日

出票人	全　称	石市华药公司	收款人	全　称	石家庄新华机电配件股份有限公司
	账　号	33-4657-121		账　号	11-8868-228
	开户银行	石市工商行和平路支行		开户银行	石市工商行长安分行桥东支行
金额	人民币（大写）	伍仟元整		亿 千 百 十 万 千 百 十 元 角 分	¥ 5 0 0 0 0 0
票据种类	转账支票	票据张数	1		
票据号码					
	复核	记账		开户银行签章	

此联是开户行给收款人的收账通知

工商银行长安分行桥东支行 2014年1月15日 转讫

说明：此款系收到华药股份的现金股利。

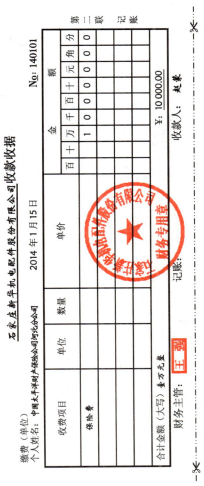

业务 044　附原始凭证 5 张，见凭证 44-1/5，44-2/5，44-3/5，44-4/5，44-5/5

凭证 44-1/5

石家庄新华机电配件股份有限公司 原材料出库单

领料单位：一车间　　　　　　　　　　　　　　　编号：20140110
用　　途：生产甲产品　　2014 年 1 月 15 日　　仓库：原材料仓库

类 别	编 号	名称及规格	计量单位	数量 请领	数量 实领	计划单价	计划总成本
材料		A 材料	kg	3 000	3 000	100.00	300 000.00
材料		B 材料	kg	2 310	2 310	117.62	271 702.20
合　计							571 702.20

第二联　记账联

仓库主管　范翔　　记账　张梅　　发料人　王冬冬　　领料人　王向杰

凭证 44-2/5

石家庄新华机电配件股份有限公司 原材料出库单

领料单位：一车间　　　　　　　　　　　　　　　编号：20140111
用　　途：生产乙产品　　2014 年 1 月 15 日　　仓库：原材料仓库

类 别	编 号	名称及规格	计量单位	数量 请领	数量 实领	计划单价	计划总成本
材料		B 材料	kg	3 290	3 290	117.62	386 969.80
合　计							386 969.80

第二联　记账联

仓库主管　范翔　　记账　张梅　　发料人　王冬冬　　领料人　王向杰

凭证 44-3/5

石家庄新华机电配件股份有限公司包装物出库单

领用单位：一车间　　　　　　　　　　　　　　　编号：20140103
用　　途：包装甲产品　　2014 年 1 月 15 日　　仓库：包装物仓库

类 别	编 号	名称及规格	计量单位	数量 请购	数量 实发	单位实际成本	定额总成本
包装物		木箱	个	100	100	6	600.00
合　计							600.00

第二联　记账联

仓库主管　范翔　　记账　张梅　　发货人　王冬冬　　经办人　于俊

凭证 44-4/5

石家庄新华机电配件股份有限公司 原材料出库单

领料单位：二车间　　　　　　　　　　　　　　　　　　　编号：20140112

用　　途：生产自制半成品　　　2014 年 1 月 15 日　　　仓库：原材料仓库

类别	编号	名称及规格	计量单位	数量		计划单价	计划总成本
				请领	实领		
材料		B 材料	kg	1 500	1 500	117.62	176 430.00
材料		C 材料	kg	6 800	6 800	40.00	272 000.00
材料		D 材料	kg	14 000	14 000	15.00	210 000.00
合　计							658 430.00

第二联 记账联

仓库主管　范翔　　记账　张梅　　发料人　王冬冬　　领料人　王向杰

凭证 44-5/5

石家庄新华机电配件股份有限公司 自制半成品出库单

领料单位：三车间　　　　　　　　　　　　　　　　　　　编号：20140101

用　　途：生产A产品　　　2014 年 1 月 15 日　　　仓库：半成品仓库

类别	编号	名称及规格	计量单位	数量		计划单价	计划总成本
				请领	实领		
半成品		自制半成品	件	2 600	2 600	761.20	1 979 120.00
合　计							1 979 120.00

第二联 记账联

仓库主管　范翔　　记账　张梅　　发料人　王冬冬　　领料人　王向杰

业务 045　附原始凭证 1 张，见凭证 45-1/1

凭证 45-1/1

中国工商银行　　**进　账　单**（收账通知）　　3

2014 年 1 月 16 日

出票人	全　称	华电股份公司	收款人	全　称	石家庄新华机电配件股份有限公司
	账　号	18-81451-436		账　号	11-8868-228
	开户银行	工商行槐北支行		开户银行	工商银行长安分行桥东支行
金额	人民币（大写）	柒拾万零柒仟柒佰陆拾陆元陆角柒分		亿千百十万千百十元角分	¥70776667
票据种类	转账支票	票据张数	1		
票据号码					
复核	记账			开户银行签章	

此联是开户行给收款人的收账通知

说明：此款系持有的华电债券到期收回本息。

业务 046　附原始凭证 4 张，见凭证 46-1/4，46-2/4，46-3/4，46-4/4

凭证 46-1/4

石家庄新华机电配件股份有限公司 产成品入库单

仓库名称：产成品仓库　　2014 年 1 月 16 日　　NO：20140101

名称	材质	规格	计量单位	数量		单位定额成本	定额总成本	送验单位
				送验	实收			
甲产品			件	2 100	2 100	477.20	1 002 120.00	一车间
合计							1 002 120.00	

第二联 记账联

仓库主管 范翔　　记账 张梅　　验收人 陈楠　　送验人 张佳华

凭证 46-2/4

石家庄新华机电配件股份有限公司 产成品入库单

仓库名称：产成品仓库　　2014 年 1 月 16 日　　NO：20140102

名称	材质	规格	计量单位	数量		单位定额成本	定额总成本	送验单位
				送验	实收			
乙产品			件	3 400	3 400	216	734 400.00	一车间
合计							734 400.00	

第二联 记账联

仓库主管 范翔　　记账 张梅　　验收人 陈楠　　送验人 张佳华

凭证 46-3/4

石家庄新华机电配件股份有限公司 半成品入库单

仓库名称：半成品仓库　　2014 年 1 月 16 日　　NO：20140101

名称	材质	规格	计量单位	数量		单位定额成本	定额总成本	送验单位
				送验	实收			
自制半成品			件	1 200	1 200	761.20	913 440.00	二车间
合计							913 440.00	

第二联 记账联

仓库主管 范翔　　记账 张梅　　验收人 陈楠　　送验人 张佳华

凭证 46-4/4

石家庄新华机电配件股份有限公司 产成品入库单

仓库名称：产成品仓库　　2014 年 1 月 16 日　　NO：20140103

名称	材质	规格	计量单位	数量		单位定额成本	定额总成本	送验单位
				送验	实收			
丙产品			件	2 640	2 640	887.50	2 343 000.00	三车间
合 计							2 343 000.00	

第二联 记账联

仓库主管 范翔　　记账 张梅　　验收人 陈楠　　送验人 张佳华

业务 047　附原始凭证 1 张，见凭证 47-1/1

凭证 47-1/1

中国工商银行
转账支票存根（冀）
BK 02　023016713

附加信息

出票日期 2014 年 1 月 16 日

收款人：	省工商银行
金　额：	3 000 000.00
用　途：	归还部分长期借款利息

单位主管 王强　会计

业务 048　附原始凭证 3 张，见凭证 48-1/3，48-2/3，48-3/3

凭证 48-1/3

中国工商银行　**进　账　单**（收账通知）　3

2014 年 1 月 16 日

出票人	全　称	美华股份公司	收款人	全　称	石家庄新华机电配件股份有限公司
	账　号	18-81451-465		账　号	11-8868-228
	开户银行	石市工行建设路支行		开户银行	工商银行长安分行桥东支行
金额	人民币（大写）	壹拾伍万玖仟元整		亿千百十万千百十元角分	¥15900000
票据种类	转账支票	票据张数	1		
票据号码					
	复核　记账			开户银行签章	

工商银行长安分行桥东支行 2014年1月16日 转讫

此联是开户行给收款人的收账通知

凭证 48-2/3

河北增值税专用发票

全国统一发票监制章 河北 国家税务总局监制

抵扣联

1300061520　　　　No 01117019

开票日期:2014 年 1 月 16 日

购货单位	名　　称：美华股份公司 纳税人识别号：130150577012011 地址、　电话：(0311)85884412 开户行及账号：市工商银行建设路支行 11-81451-465	密码区	>50+/4-62750831/049<1　加密版本：01 99302352+00>*4248/+8<　11300061520 372027+43*3/>732<7-02　01117043 4-5/89-3/55*+1-21>16-

货物或应税劳务名称					金额	税率	税额
转让生产工艺使用权					150 000.00	6%	9 000.00
合计					150 000.00	6%	9 000.00
价税合计（大写）	⊗ 壹拾伍万玖仟元整					（小写）¥: 159 000.00	

销货单位	名称：石家庄新华机电配件股份有限公司 纳税人识别号：130150577012074 地址、电话：(0311)85887711 开户行及账号：工商银行长安分行桥东支行 11-8868-228	备注	石家庄新华机电配件股份有限公司 130150577012074 发票专用章

收款人：李圆　　复核：　　开票人：马明　　销货单位：（章）

第一联：抵扣联 购货方作扣税凭证

凭证 48-3/3

河北增值税专用发票

全国统一发票监制章 河北 国家税务总局监制

发票联

1300061520　　　　No 01117019

开票日期:2014 年 1 月 16 日

购货单位	名　　称：美华股份公司 纳税人识别号：130150577012011 地址、　电话：(0311)85884412 开户行及账号：市工商银行建设路支行 11-81451-465	密码区	>50+/4-62750831/049<1　加密版本：01 99302352+00>*4248/+8<　11300061520 372027+43*3/>732<7-02　01117043 4-5/89-3/55*+1-21>16-

货物或应税劳务名称					金额	税率	税额
转让生产工艺使用权					150 000.00	6%	9 000.00
合计					150 000.00	6%	9 000.00
价税合计（大写）	⊗ 壹拾伍万玖仟元整					（小写）¥: 159 000.00	

销货单位	名称：石家庄新华机电配件股份有限公司 纳税人识别号：130150577012074 地址、电话：(0311)85887711 开户行及账号：工商银行长安分行桥东支行 11-8868-228	备注	石家庄新华机电配件股份有限公司 130150577012074 发票专用章

收款人：李圆　　复核：　　开票人：马明　　销货单位：（章）

第二联：发票联 购货方记账凭证

业务 049 附原始凭证 1 张，见凭证 49-1/1

凭证 49-1/1

河北省地方税务局通用手工发票（E）

发 票 联

识别码 T88NCL 6WNJWJ

2014 年 1 月 17 日

发票代码 113030523278

发票号码 01956119

付款单位： 石家庄新华机电配件股份有限公司

项目内容	金额 百	十	元	角	分	备注
办公用品	2	1	8	0	0	
现金付讫						
合计人民币（大写）贰佰壹拾捌元整	2	1	8	0	0	

第二联 发票联

（印章：国家税务总局监制 河北省地方税务局；石家庄四惠文具店 130150557704656 发票专用章）

收款单位名称：石家庄四惠文具店　　**开票人** 周文

收款单位税号：130150557704656

业务 050 附原始凭证 1 张，见凭证 50-1/1

凭证 50-1/1

领 款 单

2014 年 1 月 17 日　　第 201403 号

领款单位	二车间			金额 十	万	千	百	十	元	角	分
人民币（大写）：伍佰元整	现金付讫					¥	5	0	0	0	0
领款事由：退还进厂押金											
领导批示	财务负责人	领款单位负责人	领款人								
	王强		王辉								

业务 051 附原始凭证 2 张，见凭证 51-1/2，51-2/2

凭证 51-1/2

石家庄新华机电配件股份有限公司产成品出库单

购货单位：市五交化商场　　　　编号：20140106

业 务 员：马丽静　　2014 年 1 月 17 日　　仓库：产成品仓库

类别	编号	名称及规格	计量单位	数量 请购	数量 实发	单位定额成本	定额总成本
主要产品		甲产品	件	1 060	1 060	477.20	505 832.00
主要产品		乙产品	件	1 850	1 850	216.00	399 600.00
主要产品		丙产品	件	4 150	4 150	887.50	3 683 125.00
合　计							4 588 557.00

第二联 记账联

仓库主管 范翔　记账 张梅　发货人 王冬冬　经办人 于俊

凭证 51-2/2

河北增值税专用发票

记账联

1300061520　　No3163106

开票日期：2014 年 1 月 17 日

购货单位	名称：市五交化商场 纳税人识别号：130115588116092 地址、电话：(0311)87874336 开户行及账号：工商银行中华支行 31-7749-43			密码区	>50+/4-62750831/049<1 99302352+00>*4248/+8< 372027+43*3/>732<7-02 4-5/89-3/55*+1-21>25-	加密版本：01 1130006152 01117048	
货物或应税劳务名称	规格型号	单位	数量	单价	金额	税率	税额
甲产品		件	1 060	800.00	848 000.00	17%	144 160.00
乙产品		件	1 850	380.00	703 000.00	17%	119 510.00
丙产品		件	4 150	1 190.00	4 938 500.00	17%	839 545.00
合计					6 489 500.00	17%	1 103 215.00
价税合计（大写）	⊗ 柒佰伍拾玖万贰仟柒佰壹拾伍元整				（小写）¥：7 592 715.00		
销货单位	名称：石家庄新华机电配件股份有限公司 纳税人识别号：130150577012074 地址、电话：(0311)85887711 开户行及账号：工商银行长安分行桥东支行 11-8868-228			备注	石家庄新华机电配件股份有限公司 130150577012074 发票专用章		

第三联：记账联 销货方作销售的记账凭证

收款人：李圆　复核：　开票人：马琛　销货单位：（章）

业务 052　附原始凭证 7 张，见凭证 52-1/7，52-2/7，52-3/7，52-4/7，52-5/7，52-6/7，52-7/7

凭证 52-1/7

中国工商银行
转账支票存根（冀）
$\frac{BK}{02}$　**023016714**

附加信息

出票日期　2014 年 1 月 18 日

收款人：	市展览馆
金　额：	1 908.00
用　途：	支付展销费

单位主管 王强　会计

凭证 52-2/7

中国工商银行
转账支票存根（冀）
$\frac{BK}{02}$　**023016715**

附加信息

出票日期　2014 年 1 月 18 日

收款人：	市养路费征收处
金　额：	30 000.00
用　途：	支付车辆养路费

单位主管 王强　会计

凭证 52-3/7

中国工商银行
转账支票存根（冀）
BK/02 023016716

附加信息

出票日期 2014 年 1 月 18 日

收款人：	市排污费征收处
金　额：	2 000.00
用　途：	支付排污费

单位主管 王强 会计

凭证 52-4/7

河北增值税专用发票

抵扣联

（全国统一发票监制章 河北 国家税务总局监制）

1300061520　　No 01117024

开票日期:2014年 1 月 18 日

购货单位	名称：石家庄新华机电配件股份有限公司 纳税人识别号：130150577012074 地址、电话：(0311)85887711 开户行及账号：石市工商行桥东支行 11-8868-228	密码区	>50+/4-62750831/049<1 99302352+00>*4248/+8< 372027+43*3/>732<7-02 4-5/89-3/55*+1-21>26-	加密版本：01 11300061520 01117043	
货物或应税劳务名称			金额	税率	税额
展览费			1 800.00	6%	108.00
合计			1 800.00	6%	108.00
价税合计（大写）	⊗壹仟玖佰零捌元整		（小写）￥1 908.00		
销货单位	名称：石家庄市展览馆 纳税人识别号：131251688022067855 地址、电话：(0311)86572750 开户行及账号：石市工商行桥东支行 12-35687-191	备注	石家庄市展览馆 883456789678988 发票专用章		

收款人：　复核：　开票人：郝小华　销货单位：（章）

第一联：抵扣联 购货方作扣税凭证

凭证 52-5/7

河北增值税专用发票

发票联

全国统一发票监制章 河北 国家税务总局监制

1300061520　　　　No 01117024

开票日期:2014年1月18日

购货单位	名　称：石家庄新华机电配件股份有限公司 纳税人识别号：130150577012074 地址、电话：(0311)85887711 开户行及账号：石市工商行行桥东支行 11-8868-228	密码区	>50+/4-62750831/049<1　加密版本：01 99302352+00>*4248/+8<　11300061520 372027+43*3/>732<7-02　01117043 4-5/89-3/55*+1-21>26-

货物或应税劳务名称				金额	税率	税额
展览费				1 800.00	6%	108.00
合计				1 800.00	6%	108.00
价税合计（大写）	⊗壹仟玖佰零捌元整			（小写）¥: 1 908.00		

销货单位	名称：石家庄市展览馆 纳税人识别号：131251688802206785 地址、电话：(0311)86572750 开户行及账号：石市工商行桥东支行 12-35687-191	备注	石家庄市展览馆 883456789678988 发票专用章

收款人：　　复核：　　开票人：郝小华　　销货单位：（章）

第二联：发票联 购货方记账凭证

凭证 52-6/7

石家庄新华机电配件股份有限公司 车辆养路费分配表

2014 年 1 月 18 日

车辆归属部门	车型	数量	月缴费标准	缴费月数	费用小计	本次缴费期间	本月分摊
管理部门	奥迪轿车	10 辆	105.00	4	4 200.00	2014 年 1 月— 4 月	1 050.00
销售部门	夏利轿车	10 辆	105.00	4	4 200.00	2014 年 1 月— 4 月	1 050.00
车队	丰田轿车	10 辆	105.00	4	4 200.00	2014 年 1 月— 4 月	1 050.00
车队	东风货车	20 辆	217.50	4	17 400.00	2014 年 1 月— 4 月	4 350.00
合　计					30 000. 00		7 500. 00

第二联 记账联

财务主管：王强　　审核：王露　　制表：魏丽贤

凭证 52-7/7

河北省行政事业性统一收费票据

缴费单位
或个人姓名：石家庄新华机电配件股份有限公司 2014 年 1 月 18 日　　No G031022

收费项目	单位	数量	单价	金额 百	十	万	千	百	十	元	角	分
排污费	项	1	2 000			¥	2	0	0	0	0	0
合计金额（大写）贰仟元整								¥ 2 000.00				

第二联　收据

FHS 30 7002 09 10A

收费单位：（盖章）　　开票人：（签章）

注：此票据仅限于行政事业性收费使用

业务 053　附原始凭证 1 张，见凭证 53-1/1

凭证 53-1/1

石家庄市服务业统一发票

2014 年 1 月 19 日　　服务（ 甲 ）字

客户名称：石家庄新华机电配件股份有限公司　　No 0147128

项目	单位	数量	单价	金额 万	千	百	十	元	角	分
车队车辆修理费				¥	1	9	6	0	0	0
人民币（大写）壹仟玖佰陆拾零元零角零分				¥	1	9	6	0	0	0

此联为报销凭证

现金付讫

单位名称（盖章）　　填票人：　　收款人：

业务 054　附原始凭证 1 张，见凭证 54-1/1

凭证 54-1/1

中国石油化工股份有限公司
河北石油分公司销售发票
发票联

发票代码 137011130091
发票号码 60216759
开票日期：2014-01-19　行业类别：商业
付款名称：石家庄新华机电配件股份公司
销售单位：中石化石家庄分公司槐安东路
纳税人识别号：130103601074443

现金付讫

项目名称	单价	数量	金额
93 号汽油	5.00	80	400.00

应收金额：¥400.00
金额合计：¥400.00
金额大写：肆佰元整
收款员：刘佳

业务 055　附原始凭证 3 张，见凭证 55-1/3，55-2/3，55-3/3

凭证 55-1/3

河北增值税专用发票

抵扣联

1300061520　　No 01117024

开票日期：2014年 1 月 20 日

购货单位	名　　称：石家庄新华机电配件股份有限公司 纳税人识别号：130150577012074 地址、电话：(0311)85887711 开户行及账号：石市工商行桥东支行 11-8868-228			密码区	>50+/4-62750831/049<1　加密版本：01 99302352+00>*4248/+8<　11300061520 372027+43*3/>732<7-02　01117043 4-5/89-3/55*+1-21>26-		
货物或应税劳务名称	规格型号	单位	数量	单价	金额	税率	税额
工业用电		度	2 405 030	0.18	432 905.40	17%	73 593.92
合计					432 905.40	17%	73 593.92
价税合计（大写）	⊗伍拾万陆仟肆佰玖拾玖元叁角贰分				（小写）¥：506 499.32		
销货单位	名称：石家庄市供电公司 纳税人识别号：131251688022085 地址、电话：(0311)86942750 开户行及账号：石市工商行桥东支行 12-3856-191			备注	石家庄市供电公司 131251688022085 发票专用章		

收款人：　　复核：　　开票人：郝小华　　销货单位：（章）

第一联：抵扣联　购货方作扣税凭证

凭证 55-2/3

河北增值税专用发票

发票联

（印章：全国统一发票监制章 河北 国家税务总局监制）

1300061520　　　　No 01117024

开票日期：2014 年 1月 20 日

购货单位	名称：石家庄新华机电配件股份有限公司 纳税人识别号：130150577012074 地址、电话：(0311)85887711 开户行及账号：石市工商行桥东支行 11-8868-228			密码区	>50+/4-62750831/049<1　加密版本：01 99302352+00>*4248/+8<　11300061520 372027+43*3/>732<7-02　01117043 4-5/89-3/55*+1-21>26-		
货物或应税劳务名称	规格型号	单位	数量	单价	金额	税率	税额
工业用电		度	2 405 030	0.18	432 905.40	17%	73 593.92
合计					432 905.40	17%	73 593.92
价税合计（大写）	⊗伍拾万陆仟肆佰玖拾玖元叁角贰分				（小写）¥：506 499.32		
销货单位	名称：石家庄市供电公司 纳税人识别号：131251688022085 地址、电话：(0311)86942750 开户行及账号：石市工商行桥东支行 12-3856-191				备注	（印章：石家庄市供电公司 131251688022085 发票专用章）	

第二联：发票联　购货方记账凭证

收款人：　　复核：　　开票人：郝小华　　销货单位：（章）

凭证 55-3/3

托收凭证（付款通知）

委托日期 2014 年 1 月 20 日　　　付款期限　年　月　日

业务类型	委托收款（☑邮划、☐电划）　托收承付（☐邮划、☐电划）						
付款人	全称	石家庄新华机电配件股份有限公司		收款人	全称	石家庄市供电公司	
	账号	11-8868-228			账号	12-3856-191	
	地址	河北省石家庄市	开户行：工行长安分行桥东支行		地址	河北省石家庄市	开户行：工行桥东支行
金额	人民币（大写）	伍拾柒万玖仟玖佰玖拾玖元叁角贰分				亿 千 百 十 万 千 百 十 元 角 分	¥ 5 7 9 9 9 9 3 2
款项内容	电费	托收凭据名称	电费专用发票		附寄单证张数	1	
商品发运情况					合同名称号码		
备注： 付款人开户银行收到日期 年　月　日 复核　记账		付款人开户银行签章 （印章：工商银行长安分行桥东支行 2014年1月20日 转讫） 年　月　日			付款人注意： 1. 根据支付结算方法，上列委托收款（托收承付）款项在付款期限内未提出拒付，即视为同意付款通知。 2. 如需提出全部或部分拒付，应在规定期限内，将拒付理由书并附债务证明退交开户银行。		

此联付款人开户银行给付款人按期付款通知

其中生产用电费 506 499.32 元，垫付职工生活用电费 73 500 元。

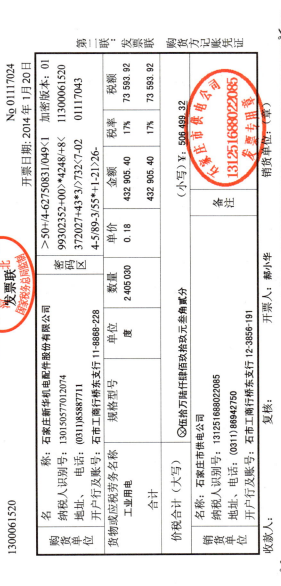

业务 056　附原始凭证 4 张，见凭证 56-1/4，56-2/4，56-3/4，56-4/4

凭证 56-1/4

石家庄新华机电配件股份有限公司 原材料出库单

领料单位：一车间　　编号：20140113

用　　途：生产甲产品　　2014 年 1 月 20 日　　仓库：原材料仓库

类别	编号	名称及规格	计量单位	数量		计划单价	计划总成本
				请领	实领		
材料		A 材料	kg	2 000	2 000	100	200 000.00
材料		B 材料	kg	1 560	1 560	117.62	183 487.20
合　计							383 487.20

第二联 记账联

仓库主管 范翔　　记账 张梅　　发料人 王冬冬　　领料人 王向杰

凭证 56-2/4

石家庄新华机电配件股份有限公司 原材料出库单

领料单位：一车间　　编号：20140114

用　　途：生产乙产品　　2014 年 1 月 20 日　　仓库：原材料仓库

类别	编号	名称及规格	计量单位	数量		计划单价	计划总成本
				请领	实领		
材料		B 材料	kg	1 910	1 910	117.62	224 654.20
合　计							224 654.20

第二联 记账联

仓库主管 范翔　　记账 张梅　　发料人 王冬冬　　领料人 王向杰

凭证 56-3/4

石家庄新华机电配件股份有限公司 原材料出库单

领料单位：二车间　　编号：20140115

用　　途：生产自制半成品　　2014 年 1 月 20 日　　仓库：原材料仓库

类别	编号	名称及规格	计量单位	数量		计划单价	计划总成本
				请领	实领		
材料		B 材料	kg	300	300	117.62	35 286.00
材料		C 材料	kg	800	800	40.00	32 000.00
材料		D 材料	kg	1 000	1 000	15.00	15 000.00
合　计							82 286.00

第二联 记账联

仓库主管 范翔　　记账 张梅　　发料人 王冬冬　　领料人 王向杰

凭证 56-4/4

石家庄新华机电配件股份有限公司 自制半成品出库单

领料单位：三车间　　　　编号：20140102

用　　途：生产丙产品　　2014 年1月20日　　仓库：自制半成品仓库

类别	编号	名称及规格	计量单位	数量		计划单价	计划总成本
				请领	实领		
半成品		自制半成品	件	1 600	1 600	761.20	1 217 920.00
合　计							1 217 920.00

第二联　记账联

仓库主管 范翔　　记账 张梅　　发料人 王冬冬　　领料人 王向杰

业务 057　附原始凭证 3 张，见凭证 57-1/3，57-2/3，57-3/3

凭证 57-1/3

河北增值税专用发票

抵扣联

（印章：河北 发票监制章 国家税务总局监制）

1300061520　　No 01117025

开票日期:2014 年 1 月 21 日

购货单位	名　　称：石家庄新华机电配件股份有限公司 纳税人识别号：130150577012074 地址、电话：(0311)85887711 开户行及账号：工商行长安分行桥东支行 11-8868-228			密码区	>50+/4-62750831/049<1　加密版本：01 99302352+00>*4248/+8<　11300061520 372027+43*3/>732<7-02　01117043 4-5/89-3/55*+1-21>27-		
货物或应税劳务名称	规格型号	单位	数量	单价	金额	税率	税额
工业用水		吨	1 148 630	0.15	172 294.50	13%	22 398.29
合计					172 294.50	13%	22 398.29
价税合计（大写）	⊗壹拾玖万肆仟陆佰玖拾贰元柒角玖分				（小写）¥：194 692.79		
销货单位	名称：石家庄市供水公司 纳税人识别号：131258998011022 地址、电话：(0311)85867758 开户行及账号：石市工商行桥东支行 14-3856-198			备注	（印章：石家庄市供水公司 131258998011022 发票专用章）		

第一联：抵扣联　购货方作扣税凭证

收款人：　　复核：　　开票人：王利　　销货单位：（章）

凭证 57-2/3

河北增值税专用发票

河北　发票联　国家税务总局监制

1300061520　　　　　　　　　　　　　　　　　　№ 01117025

开票日期:2014 年 1 月 21 日

购货单位	名　　称：石家庄新华机电配件股份有限公司 纳税人识别号：130150577012074 地址、　电话：(0311)85887711 开户行及账号：石市工商行长安分行桥东支行 11-8868-228	密码区	>50+/4-62750831/049<1　加密版本：01 99302352+00>*4248/+8<　11300061520 372027+43*3/>732<7-02　01117043 4-5/89-3/55*+1-21>27-

货物或应税劳务名称	规格型号	单位	数量	单价	金额	税率	税额
工业用水		吨	1 148 630	0.15	172 294.50	13%	22 398.29
合计					172 294.50	13%	22 398.29
价税合计（大写）	⊗壹拾玖万肆仟陆佰玖拾贰元柒角玖分				（小写）¥: 194 692.79		

销货单位	名称：石家庄市供水公司 纳税人识别号：131258998011022 地址、电话：(0311)85867758 开户行及账号：石市工商行桥东支行 14-3856-198	备注	石家庄市供水公司 131258998011022 发票专用章

收款人：　　　　复核：　　　　开票人：王利　　　　销货单位：（章）

第二联：发票联　购货方记账凭证

凭证 57-3/3

托收凭证（付款通知）

委托日期 2014 年 1 月 21 日　　　　付款期限　　年　　月　　日

业务类型	委托收款（☑邮划、☐电划）　托收承付（☐邮划、☐电划）				
付款人 全称	石家庄新华机电配件股份有限公司		收款人 全称	石家庄市供水公司	
付款人 账号	11-8868-228		收款人 账号	14-3856-198	
付款人 地址	河北省石家庄市	开户行：工行长安分行桥东支行	收款人 地址	河北省石家庄市	开户行：工行桥东支行
金额 人民币（大写）	贰拾柒万玖仟零柒拾贰元柒角玖分		亿千百十万千百十元角分	¥ 2 7 9 0 7 2 7 9	
款项内容	水费	托收凭据名称	水费专用发票	附寄单证张数	1
商品发运情况			合同名称号码		
备注： 付款人开户银行收到日期 年　月　日 复核　记账	付款人开户银行签章 工商银行长安分行桥东支行 2014年1月21日 转讫 年　月　日		付款人注意： 1. 根据支付结算方法，上列委托收款（托收承付）款项在付款期限内未提出拒付，即视为同意付款通知。 2. 如需提出全部或部分拒付，应在规定期限内，将拒付理由书并附债务证明退交开户银行。		

此联付款人开户银行给付款人按期付款通知

注：其中生产用水费 194 692.79 元，垫付职工生活用水水费 84 380.00 元。

业务 058　附原始凭证 2 张，见凭证 58-1/2，58-2/2

凭证 58-1/2

河北增值税专用发票

记账联

1300061520　　No 01117107

开票日期：2014年1月22日

购货单位	名　　称：实达商场 纳税人识别号：130188588028098 地址、电话：(0311)87473714 开户行及账号：工行长安支行 47-8676-932			密码区	>50+/4-62750831/049<1 99302352+00>*4248/+8< 372027+43*3/>732<7-02 4-5/89-3/55*+1-21>29-	加密版本：01 11300061520 01117048	
货物或应税劳务名称	规格型号	单位	数量	单价	金额	税率	税额
丙产品		件	150	1 200.00	180 000.00	17%	30 600.00
合计					180 000.00	17%	30 600.00
价税合计（大写）	⊗贰拾壹万零陆佰元整				（小写）¥：210 600.00		
销货单位	名称：石家庄新华机电配件股份有限公司 纳税人识别号：130150577012074 地址、电话：(0311)85887711 开户行及账号：石市工商行长安分行桥东支行 11-8868-228			备注	银行承兑汇票，期限 70 天，票面利率 11.88%		

收款人：李園　　复核：　　开票人：马琛　　销货单位：（章）

第三联：记账联　销货方作销售的记账凭证

（印章：全国统一发票监制章 河北 国家税务总局监制；石家庄新华机电配件股份有限公司 130150577012074 发票专用章）

凭证 58-2/2

石家庄新华机电配件股份有限公司产成品出库单

购货单位：实达商场　　　　编号：20140107

业 务 员：马丽静　　2014年1月22日　　仓库：产成品仓库

类别	编号	名称及规格	计量单位	数量		单位定额成本	定额总成本
				请购	实发		
主要产品		丙产品	件	150	150	887.50	133 125.00
合　计							133 125.00

仓库主管　范翔　　记账　张梅　　发货人　王冬冬　　经办人　于俊

第二联　记账联

业务 059　附原始凭证 1 张，见凭证 59-1/1

凭证 59-1/1

河北省地方税务局通用手工发票（E）

发票联

识别码 T88NCL 6WNJWJ

发票代码 113030523278
发票号码 01956120

2014 年 1 月 23 日

付款单位：石家庄新华机电配件股份有限公司

项目内容	千	百	十	元	角	分	备注
办公用品	1	7	0	0	0	0	
合计人民币（大写）壹仟柒佰元整	1	7	0	0	0	0	

第二联 发票联

现金付讫

石家庄四惠文具店 130150557704656 发票专用章

收款单位名称：石家庄四惠文具店　　开票人　周文

收款单位税号：130150557704656

说明：该业务为生产车间购买办公用品，其中一车间负担 600 元，二车间负担 800 元，供电车间负担 300 元。

业务 060　附原始凭证 2 张，见凭证 60-1/2，60-2/2

凭证 60-1/2

石家庄新华机电配件股份有限公司低值易耗品出库单

领用单位：供电车间　　编号：20140105

用　途：　　2014 年 1 月 25 日　　仓库：低值易耗品仓库

类别	编号	名称及规格	计量单位	数量 请领	数量 实领	移动加权平均单价	金额
低耗		工具	套	22	22	400.00	8 800.00
合计							8 800.00

第二联 记账联

仓库主管　范翔　　记账　张梅　　发料人　王冬冬　　领用人　王向杰

凭证 60-2/2

石家庄新华机电配件股份有限公司低值易耗品出库单

领用单位：机修车间　　　　　　　　　　　　　　　编号：20140106

用　途：　　　　　2014 年 1 月 25 日　　　　　　仓库：低值易耗品仓库

类别	编号	名称及规格	计量单位	数量		移动加权平均单价	金额
				请领	实领		
低耗		工具	套	24	24	400.00	9 600.00
合　计							9 600.00

第二联　记账联

仓库主管 范翔　　记账 张梅　　发料人 王冬冬　　领用人 王向杰

业务 061　附原始凭证 2 张，见凭证 61-1/2，61-2/2

凭证 61-1/2

石家庄新华机电配件股份有限公司 存货清查报告单

2014 年 1 月 25 日

类别	财产名称规格	计量单位	单价	账存数量	实存数量	盘盈		盘亏		盘亏原因
						数量	金额	数量	金额	
材料	A 材料	kg	100					50	5 000	保管不当
										处理意见
合　计									5 000	

二　财务记账

财务主管：王强　　审批：　　存货主管：　　保管使用：　　制单：

注：1. 盘亏 A 材料应负担的材料成本差异按本月初的差异 6 000÷106 500×5 000 = 281.69

2. 应转出的进项税按最后一次进价 98.5×50×17% =837.25

凭证 61-2/2

石家庄新华机电配件股份有限公司设备 报废审批表

单位：新华机电配件股份有限公司　　部门：三车间　　2014 年 1 月 25 日

设备编号	设备名称	台数	出厂号	购入日期	单价	已提折旧	保管人	报废原因
053	XIII型机床	1	2011344056	2012	38 000	7 702.98	江华	使用不当
报废申请单位意见： 签字（公章）：王中华印		申请部门主管： 签字：			资产部门处置结果： 同意将该设备转入清理。 签字（公章）：江明辉			

注：此表要求一式三份

说明：已提折旧 7 394.80+308.18（补提折旧）=7 702.98 元

业务 062　附原始凭证 1 张，见凭证 62-1/1

凭证 62-1/1

石家庄新华机电配件股份有限公司 待摊费用摊销表

2014 年 1 月 26 日　　单位：元

项目 费用名称	费用发生日期	实际支付额	分摊期（月数）	本期摊销额
报刊费	2 013.12	6 000	12	500
合　计				500

财务主管：王强　　审核：　　制表：

业务 063　附原始凭证 1 张，见凭证 63-1/1

凭证 63-1/1

中国工商银行
现金支票存根（冀）
$\frac{BK}{02}$ 011027014

附加信息

出票日期 2014年 1月26日

收款人：	新华机电配件股份公司
金　额：	23 000.00
用　途：	李小峰（备用金）

单位主管 王强　会计

业务 064　附原始凭证 1 张，见凭证 64-1/1

凭证 64-1/1

石家庄新华机电配件股份有限公司存货盘点毁损报告表

制 表 日 期　2014 年 1 月 26 日　　　　单位：元

盘点日期	名称	数量	计划成本	应负担的材料成本差异	转出的进项税	实际盘亏材料	批示
1 月 26 日	A 材料	50	5 000	-281.69	837.25	5 555.56	暂作其他应收款处理。王强 2014.1.26

盘点人：郑志　　　　保管员：张宝玲

业务 065　附原始凭证 5 张，见凭证 65-1/5，65-2/5，65-3/5，65-4/5，65-5/5

凭证 65-1/5

石家庄新华机电配件股份有限公司固定资产清理报废单

签发日期：2014 年 1 月 27 日　　　　编号：20140101

单位公章					使用单位　三车间					
名称及型号	单位	数量	原始价值	已提折旧	净值	预提使用年限	实际使用年限	支付清理费	收回变价收入	应收取过失人员赔款
XIII 型机床	台	1	38 000	7 702.98	30 297.02	10	2	200	13 000	300
制造单位	制造年限		出厂号		申请报废原因：使用不当					
大连机床厂	2005		2011344056							

设备主管领导：　　财务部门负责人：王强　　设备管理部门负责人：

凭证 65-2/5

中国工商银行　　**进　账　单**（收账通知）　　3

2014 年 1 月 27 日

出票人	全　称	石家庄市废品回收公司	收款人	全　称	石家庄新华机电配件股份有限公司
	账　号	60-4657-121		账　号	11-8868-228
	开户银行	石市工商行和平路支行		开户银行	工商银行长安分行桥东支行
金额	人民币（大写）壹万叁仟元整				亿 千 百 十 万 千 百 十 元 角 分：¥ 1 3 0 0 0 0 0
票据种类	转账支票	票据张数	1		
票据号码					
	复核	记账			开户银行签章

此联是开户行给收款人的收账通知

凭证 65-3/5

石家庄新华机电配件股份有限公司收款收据

缴费（单位）
个人姓名：石家庄市废品回收公司　　2014 年 1 月 27 日　　No：080103

收费项目	单位	数量	单价	金额								
旧设备变价款	台	1	13 000.00	百	十	万	千	百	十	元	角	分
						1	3	0	0	0	0	0
合计金额（大写）壹万叁仟元整				¥：13 000.00								

第二联 记账

财务主管：王强　　记账：　　收款人：赵蒙

凭证 65-4/5

河北省地方税务局通用手工发票（E）

发 票 联

识别码
T88NCL
6WNJWJ

2014 年 1 月 27 日

发票代码 113030523278
发票号码 0087221

付款单位：石家庄新华机电配件股份有限公司

项 目 内 容	金额 百	十	元	角	分	备 注
清理旧设备	2	0	0	0	0	
合 计 人 民 币 （大写）贰佰元整	2	0	0	0	0	

现金付讫

第二联 发票联

收款单位名称：石家庄康洁清理公司　　开票人 周文

收款单位税号：130151111704656

凭证 65-5/5

石家庄新华机电配件股份有限公司收款收据

缴费（单位）
个人姓名：江华　　2014 年 1 月 27 日　　No：070102

收费项目	单位	数量	单价	金额								
设备保管不当毁损赔偿费	台	1	300.00	百	十	万	千	百	十	元	角	分
								3	0	0	0	0
合计金额（大写）叁佰元整				¥：300.00								

第二联 记账

财务主管：王强　　记账：　　收款人：赵蒙

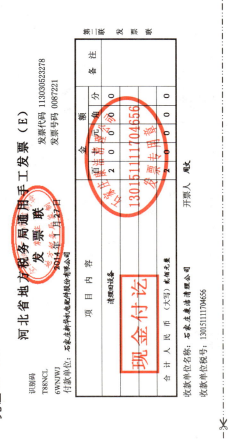

业务 066 附原始凭证 1 张，见凭证 66-1/1

凭证 66-1/1

石家庄新华机电配件股份有限公司借款利息费用计算表

2014 年 1 月 28 日　　单位：元

项目 / 借款用途	借款性质	借款日	到期日	借款本金	年利率/%	本月应计利息	借记科目
长期借款	长期	2010.7.1	2017.6.30	14 000 000	8	93 333.33	财务费用
短期借款	短期	2013.12.26	2014.6.26	300 000	6	1 500	财务费用
三车间扩建	短期	2014.1.5	2013.4.5	200 000	3	500	在建工程
合　计						95 333.33	

财务主管：王强　　审核：　　制表：张新

业务 067 附原始凭证 2 张，见凭证 67-1/2，67-2/2

凭证 67-1/2

石家庄新华机电配件股份有限公司包装物入库单

仓库名称：包装物库　　2014 年 1 月 30 日　　No：20140103

名称	材质	规格	计量单位	数量		单价	金额	发货单位
				送验	实收			华冀箱包公司
塑钢箱			只	15	10	49.30	493.00	
								实际单位成本
								塑钢箱 49.30
								备注：5 只报废，每只罚收 30 元，共 150 元从押金中扣除。
合　计							493.00	

第二联　记账联

仓库主管 范翔　　记账 张梅　　验收人 陈楠　　采购人 李伟浩

凭证 67-2/2

河北省石家庄市租赁业增值税专用发票

存根联

发票代码 232010670130

发票号码

客户名称：石家庄市艾达公司　　地址：石家庄市槐安东路111号　　开票日期：2014 年 1 月 30 日

收费项目	单位	数量	单价	金额 百	十	万	千	百	十	元	角	分
塑钢箱租赁费	只	30	25				¥	7	5	0	0	0
塑钢箱毁损赔偿费	只	5	30				¥	1	5	0	0	0
合计金额（大写）	拾万⊗仟玖佰零拾零元零角零分						¥	9	0	0	0	0
注明	1. 本发票用于经营性租赁收入使用　2. 加盖本单位发票专用章或财务专用章有效											

二 记账联

财务主管：　　记账：　　收款人：赵蒙

业务 068　附原始凭证 4 张，见凭证 68-1/4，68-2/4，68-3/4，68-4/4

凭证 68-1/4

石家庄新华机电配件股份有限公司 产成品入库单

仓库名称：产成品仓库　　2014 年 1 月 30 日　　NO：20140104

名称	材质	规格	计量单位	数量 送验	数量 实收	单位定额成本	定额总成本	送验单位
甲产品			件	600	600	477.20	286 320.00	一车间
合计							286 320.00	

第二联 记账联

仓库主管 范翔　　记账 张梅　　验收人 陈楠　　送验人 张佳华

凭证 68-2/4

石家庄新华机电配件股份有限公司 产成品入库单

仓库名称：产成品仓库　　2014 年 1 月 30 日　　NO：20140105

名称	材质	规格	计量单位	数量		单位定额成本	定额总成本	送验单位
				送验	实收			
乙产品			件	900	900	216	194 400.00	一车间
合 计							194 400.00	

第二联 记账联

仓库主管 范翔　　记账 张梅　　验收人 陈楠　　送验人 张佳华

凭证 68-3/4

石家庄新华机电配件股份有限公司 产成品入库单

仓库名称：产成品仓库　　2014 年 1 月 30 日　　NO：20140106

名称	材质	规格	计量单位	数量		单位定额成本	定额总成本	送验单位
				送验	实收			
丙产品			件	200	200	887.50	177 500.00	三车间
合 计							177 500.00	

第二联 记账联

仓库主管 范翔　　记账 张梅　　验收人 陈楠　　送验人 张佳华

凭证 68-4/4

石家庄新华机电配件股份有限公司 半成品入库单

仓库名称：半成品仓库　　2014 年 1 月 30 日　　NO：20140102

名称	材质	规格	计量单位	数量		单位定额成本	定额总成本	送验单位
				送验	实收			
自制半成品			件	600	600	761.20	456 720.00	二车间
合 计							456 720.00	

第二联 记账联

仓库主管 范翔　　记账 张梅　　验收人 陈楠　　送验人 张佳华

附录 B

业务 069　附原始凭证 1 张，见凭证 69-1/1

凭证 69-1/1

石家庄新华机电配件股份有限公司 票据利息费用计算表

2014 年 1 月 31 日　　单位：元

项目 / 票据名称	票据面值/元	出票日	期限/天	票面利率/%	计息天数	本月应计利息/元
实达商场-银行承兑汇票						
合　计						

财务主管：王强　　审核：王露　　制表：魏丽贤

业务 070　附原始凭证 1 张，见凭证 70-1/1

凭证 70-1/1

石家庄新华机电配件股份有限公司 交易性金融资产期末价值变动表

2014 年 1 月 31 日

项目 / 交易性资产名称	期初账面价值/元	期末公允价值/元	公允价值变动损益/元
半年期华药债券	480 000	520 000	
合　计	480 000	520 000	

财务主管：王强　　审核：李小露　　制表：魏丽贤

业务 071　附原始凭证 2 张，见凭证 71-1/2，71-2/2

凭证 71-1/2

石家庄新华机电配件股份有限公司 已计提跌价准备存货公允价值调整计算表

2014 年 1 月 31 日　　单位：元

项目 / 存货名称	数量/套	每套公允价值回升金额/元	应转回已计提的跌价准备金额/元
周转材料（低值易耗品）——工具	320	80	
（说明：部分工具保存完好，且市价回升）			
合　计			

财务主管：王强　　审核：李小露　　制表：魏丽贤

凭证 71-2/2

石家庄新华机电配件股份有限公司 计提存货跌价准备明细表

2014 年 1 月 31 日

项目 / 存货名称	数量 / 套	每套跌价金额 / 元	应计提跌价准备金额 / 元
周转材料（低值易耗品）——工具	20	34	
（说明：部分工具的第 7 号转接头自然老化需更新）			
合　计			

财务主管：王强　　审核：李小露　　制表：魏丽贤

业务 072　附原始凭证 1 张，见凭证 72-1/1

凭证 72-1/1

石家庄新华机电配件股份有限公司 折旧费计算表

2014 年 1 月

使用部门	品　名	使用单位	原始价值 / 元	月折旧率 / %	本月计提折旧额 / 元
房屋及建筑物月折旧率 0.167%	办公用房	公司管理部门	2 744 000	0.167	
	厂房 A	一车间	1 600 000	0.167	
	厂房 B	二车间	1 600 000	0.167	
	厂房 C	三车间	1 600 000	0.167	
	厂房 D	供水车间	600 000	0.167	
	厂房 E	供电车间	600 000	0.167	
	厂房 F	机修车间	900 000	0.167	
	厂房 G	车　队	800 000	0.167	
机器设备月折旧率 0.811%	XI 型机床 100 台	一车间	2 800 000	0.811	
	XII 型机床 100 台	二车间	3 200 000	0.811	
	XIII 型机床 99 台	三车间	3 762 000	0.811	
运输工具月折旧率 0.833%	丰田轿车 10 辆	车　队	1 500 000	0.833	
	夏利轿车 10 辆	销售部	850 000	0.833	
	奥迪轿车 10 辆	管理部门	1 900 000	0.833	
	东风货车 20 辆	车　队	1 800 000	0.833	
辅助设备月折旧率 0.667%	机修设备	机修车间	1 000 000	0.667	
	配电设备	供电车间	1 100 000	0.667	
	供水设备	供水车间	800 000	0.667	
办公设备月折旧率 0.833%	熊猫彩电 100 台	见注*	230 000	0.833	
	微型计算机 50 台	公司管理部门	300 000	0.833	
	打印机 30 台	公司管理部门	120 000	0.833	
	复印机 10 台	公司管理部门	356 000	0.833	
合　计					

注：*彩电 100 台使用单位：公司管理部门 20 台，销售部门 10 台，3 个基本生产车间和 4 个辅助生产车间各 10 台。

业务 073　附原始凭证 1 张，见凭证 73-1/1

凭证 73-1/1

石家庄新华机电配件股份有限公司 无形资产摊销表

2014 年 1 月 31 日　　单位：元

项目 / 无形资产名称	来源	原始价值/元	原价确认日期	分摊期（月数）	本期分摊额/元
专利权——甲	外购	180 000	2009.1.9	60	
专利权——乙	外购	120 000	2010.1.3	60	
合　计					

财务主管：王强　　审核：李小露　　制表：魏丽贤

业务 074　附原始凭证 2 张，见凭证 74-1/2，74-2/2

凭证 74-1/2

石家庄新华机电配件股份有限公司 工资及福利费分配表

2014 年 1 月 31 日　　单位：元

项目 / 应借科目	工资			医疗保险 7.5%	养老保险 20%	住房公积金 15%	失业保险 2%	合计
	分配计入		直接计入					
	定额工时	分配金额						
生产成本-基本-甲产品-直接人工费	80 380							
生产成本-基本-乙产品-直接人工费	177 530.40							
	257 910.40	255 000						
生产成本-基本-自制半成品-人工费			331 080					
生产成本-基本-自制半成品-制造费用			14 400					
生产成本-基本-丙产品-直接人工费			321 600					
生产成本-基本-丙产品-制造费用			19 200					
生产成本-辅助-供水-直接人工费			12 000					
生产成本-辅助-供电-直接人工费			19 200					
生产成本-辅助-机修-直接人工费			20 000					
生产成本-辅助-车队-直接人工费			14 400					
制造费用-一车间-工资及福利费			16 000					
管理费用-工资及福利费			103 175					
销售费用-工资及福利费			25 080					
合　计		255 000	896 135					

注：分配一车间的直接工资 255 000 元时，小时工资率保留 6 位小数。

凭证 74-2/2

石家庄新华机电配件股份有限公司 工会经费和职工教育经费计提表

2014 年 1 月 31 日　　单位：元

项目 应借科目	工资				工会经费 2%	职工教育经费 1.5%	小计
	分配计入		直接计入	小计			
	定额工时	分配金额					

业务075　附原始凭证 3 张，见凭证 75-1/3，75-2/3，75-3/3

凭证 75-1/3

石家庄新华机电配件股份有限公司 材料成本差异率计算表

2014 年 1 月

材料名称	期初结存		本期入库		差异率 /%
	计划成本	成本差异	计划成本	成本差异	
A 材料					
B 材料					
C 材料					
D 材料					
充填物					

凭证 75-2/3

石家庄新华机电配件股份有限公司 发料凭证汇总表

2014 年 1 月

材料名称 / 受益对象	A 材料	B 材料	C 材料	D 材料	填充物	合　计
甲产品						
乙产品						
自制半成品						
合　计						

凭证 75-3/3

石家庄新华机电配件股份有限公司 发出材料分摊材料成本差异数据表

2014 年 1 月

受益对象 / 材料名称	差异率/%	甲产品		乙产品		自制半成品		合　计
		领用成本	负担差异	领用成本	负担差异	领用成本	负担差异	
A 材料	1.136 6	816 000	9 274.66					9 274.66
B 材料	−0.268 0	766 882.40	−2 055.24	999 770	−2 679.38	374 031.60	−1 002.40	−5 737.02
C 材料	−0.219 7					560 000	−1 230.32	−1 230.32
D 材料	−4.260 4					42 000	−17 893.68	−17 893.68
合　计			7 219.42		−2 679.38		−20 126.40	−15 586.36

业务 076　附原始凭证 3 张，见凭证 76-1/3，76-2/3，76-3/3

凭证 76-1/3

石家庄新华机电配件股份有限公司 辅助车间劳务供应量统计表

2014 年 1 月

受益者 / 劳务量 / 供应者		供水车间 /吨	供电车间 /度	机修车间 /工时	车　队 /车公里
供水车间		—	68 000	—	—
供电车间		16 000	—	—	—
机修车间		32 000	120 000	—	—
车　队		14 000	43 000	2 060	—
基本生产一车间	甲产品	383 500	543 210	—	—
	乙产品	141 730	378 900	—	—
	车间一般消耗	13 630	60 000	3 600	3 000
基本生产二车间：自制半成品		189 910	392 870	4 800	1 000
基本生产三车间：丙产品		284 860	404 110	6 300	3 500
管理部门		58 000	366 940	—	26 500
销售科		15 000	28 000	—	36 000
对外部加工/运输		—	—	1 240	18 000
合　计		1 148 630	2 405 030	18 000	88 000

凭证 76-2/3

石家庄新华机电配件股份有限公司 辅助生产成本明细账本期发生额

2014 年 1 月　　单位：元

辅助生产单位	材料费	人工费	其他直接费	制造费用	费用合计
供水车间	172 294.50	17 760	—	6 529.59	196 584.09
供电车间	432 905.40	28 416	—	17 630.59	478 951.99
机修车间	—	29 600	—	18 010.99	47 610.99
车 队	400	21 312	5 400	31 022.99	58 134.99
合 计	605 599.90	97 088	5 400	73 194.16	781 282.06

凭证 76-3/3

石家庄新华机电配件股份有限公司 辅助费用分配表

2014 年 1 月 31 日　　单位：元

辅助车间	应分配费用	分配劳务量	分配率	一车间			二车间	三车间	管理部门	销售部门	对外加工/运输
				甲产品	乙产品	一般消耗	自制半成品	丙产品			
供水车间											
供电车间											
机修车间											
车 队											
合 计											

注：分配率保留4位小数，最后一个分配对象分配金额倒挤。

业务 077　附原始凭证 2 张，见凭证 77-1/2，77-2/2

凭证 77-1/2

石家庄新华机电配件股份有限公司制造费用明细账

生产车间：一车间　　2014 年 1 月　　单位：元

费用项目	工资及福利费	折旧及修理费	水电费	机物料消耗	办公费	差旅费	费用合计
金 额							

凭证 77-2/2

石家庄新华机电配件股份有限公司制造费用分配表

生产车间：一车间　　2014 年 1 月　　单位：元

产品名称	定额工时	分配率（四位小数）	分配金额
甲产品			
乙产品			
合　计			

注：当期投入的定额工时 = 完工产品定额工时 + 期末在产品定额工时 − 期初在产品定额工时

甲产品定额工时=

乙产品定额工时=

业务 078　附原始凭证 6 张，见凭证 78-1/6，78-2/6，78-3/6，78-4/6，78-5/6，78-6/6

凭证 78-1/6

石家庄新华机电配件股份有限公司 成本计算单

产品名称：甲产品　　2014 年 1 月

完工产品数量：　　在产品数量：　　加工进度：　　单位：元

项　目	直接材料	直接人工	其他直接费用	制造费用	合　计
月初在产品成本					
本月发生的生产费用					
生产费用合计					
转出完工产品成本					
月末在产品成本					

附表：期末生产费用在完工产品与在产品之间的分配（材料费按材料定额成本比例，加工费按定额工时比例）

成本项目	月初在产品费用	本月费用	生产费用合计	费用分配率（保留 4 位小数）	完工产品费用		月末在产品费用	
					定额	实际费用	定额	实际费用
1	2	3	4=2+3	5=4/(6+8)	6	7=6×5	8	9=8×5
直接材料								
直接人工								
其他直接费用								
制造费用								
合　计								

说明：基本生产车间投产及完工产量统计表，见第十章表 10.2，下同。

凭证 78-2/6

石家庄新华机电配件股份有限公司 成本计算单

2014 年 1 月

产品名称：乙产品

完工产品数量：　　在产品数量：　　加工进度：　　单位：元

项　目	直接材料	直接人工	其他直接费用	制造费用	合　计
月初在产品成本					
本月发生的生产费用					
生产费用合计					
转出完工产品成本					
月末在产品成本					

附表：期末生产费用在完工产品与在产品之间的分配（材料费按材料定额成本比例，加工费按定额工时比例）

成本项目	月初在产品费用	本月费用	生产费用合计	费用分配率（保留 4 位小数）	完工产品费用		月末在产品费用	
					定额	实际费用	定额	实际费用
1	2	3	4=2+3	5=4/(6+8)	6	7=6×5	8	9=8×5
直接材料								
直接人工								
其他直接费用								
制造费用								
合　计								

凭证 78-3/6

石家庄新华机电配件股份有限公司 成本计算单

产品名称：自制半成品　　2014 年 1 月

完工产品数量：　　在产品数量：　　加工进度：　　单位：元

项　目	直接材料	直接人工	其他直接费用	制造费用	合　计
月初在产品成本					
本月发生的生产费用					
生产费用合计					
转出完工产品成本					
月末在产品成本					

附表：期末生产费用在完工产品与在产品之间的分配（材料费按材料定额成本比例，加工费按定额工时比例）

成本项目	月初在产品费用	本月费用	生产费用合计	费用分配率（保留 4 位小数）	完工产品费用		月末在产品费用	
					定额	实际费用	定额	实际费用
1	2	3	4=2+3	5=4/(6+8)	6	7=6×5	8	9=8×5
直接材料								
直接人工								
其他直接费用								
制造费用								
合　计								

凭证 78-4/6

石家庄新华机电配件股份有限公司 发出自制半成品成本调整计算表

2014 年 1 月　　单位：元

月初余额		本月增加			简单加权平均单价	本月减少		
数量	实际成本	数量	定额成本	实际成本		数量	定额成本	实际成本
1	2	3	4	5	6=（2+5）/（1+3）（保留 4 位小数）	7	8	9
应调整入库成本差异=5-4=					应调整出库成本差异=9-8=			

凭证 78-5/6

石家庄新华机电配件股份有限公司 成本计算单

产品名称：丙产品　　2014 年 1 月

完工产品数量：4 440　　在产品数量：2 860　　加工进度：60%　　单位：元

摘　要	自制半成品		直接人工	其他直接费用	制造费用	合计
	定额成本	实际成本				
月初在产品成本						
本月发生的生产费用						
生产费用合计						
转出完工产品成本						
月末在产品成本						

附表：期末生产费用在完工产品与在产品之间的分配（材料费按材料定额成本比例，加工费按定额工时比例）

成本项目	月初在产品费用	本月费用	生产费用合计	费用分配率（保留 4 位小数）	完工产品费用		月末在产品费用	
					定额	实际费用	定额	实际费用
1	2	3	4=2+3	5=4/(6+8)	6	7=6×5	8	9=8×5
自制半成品								
直接人工								
其他直接费用								
制造费用								
合　计								

凭证 78-6/6

石家庄新华机电配件股份有限公司 月度完工产成品成本汇总表

2014 年 1 月　　单位：元

产品	直接材料	直接人工	其他直接费用	制造费用	实际成本合计	定额成本合计	调整入库成本差异
甲产品							
乙产品							
丙产品							
合 计							

业务 079　附原始凭证 1 张，见凭证 79-1/1

凭证 79-1/1

石家庄新华机电配件股份有限公司 发出商品成本汇总表

2014 年 1 月　　单位：元

商品名称	月初余额		本月增加		简单加权平均单价	本月销售	
	数量	实际成本	数量	实际成本	5＝（2+4）/（1+3）	数量	实际成本
	1	2	3	4	（保留 4 位小数）	6	7=5×6
甲产品							
乙产品							
丙产品							

业务 080　附原始凭证 1 张，见凭证 80-1/2，80-2/2

1. 期末，当销项税额大于进项税额时，应转出本月未交增值税，转完之后应交增值税明细账期末为零，作此笔业务时应该查阅“应交增值税明细账”，结转完成后的情况如凭证 80-1/2 所示，该笔业务属期末调账业务，可不附原始凭证，不必将下面的凭证 80-1/2 附于该笔业务的记账凭证后。

2. 期末，根据本月实现的各种业务收入汇总计算应缴纳的流转税，计算汇总表见凭证 80-2/2。

凭证 80-1/2

石家庄新华机电配件股份有限公司 应交增值税明细账（摘录）

日期	摘要	借方				贷方			余额	
		合计	进项税额	已交税金	转出未交增值税	合计	销项税额	进项税额转出	方向	金额
1.31	转出未交增值税								平	θ
	本月合计									

凭证 80-2/2

石家庄新华机电配件股份有限公司 月度流转税、费计算汇总表

2014 年 1 月

收入项目	所属税种	适用税率/%	应税金额/元	应交税额/元

附表：应交城市维护建设税及教育费附加计算表

计税税基及计费基础		应交城市维护建设税		应交教育费附加	
		税率/%	税额/元	费率/%	费额/元
增值税		7		4	
营业税		7		4	
消费税					
合　计					

业务 081　附原始凭证 1 张，见凭证 81-1/1

凭证 81-1/1

石家庄新华机电配件股份有限公司 月度损益类账户发生额汇总表

2014 年 1 月

费用、支出类科目			收入、收益类科目		
科目名称	本期发生额		科目名称	本期发生额	
	借方	贷方		借方	贷方
主营业务成本			主营业务收入		
其他业务成本			其他业务收入		
营业税金及附加			资产减值损失		
管理费用			公允价值变动损益		
销售费用			投资收益		
财务费用					
营业外支出					
金　额　合　计			金　额　合　计		

业务082　附原始凭证 1 张,见凭证 82-1/1

凭证82-1/1

石家庄新华机电配件股份有限公司 月度所得税计算调整表

2014 年 1 月

一、损益相抵后的税前利润		（4）税收滞纳金、罚金、罚款	
二、纳税调整增加额		（5）灾害事故损失赔偿	
1.超过规定标准项目		（6）非公益救济性捐赠	
（1）工资支出		（7）非广告性赞助支出	
（2）职工福利		（8）粮食类白酒广告费	
（3）职工教育经费		（9）为其他企业贷款担保的支出项目	
（4）工会经费		（10）与收入无关的支出	
（5）利息支出		3.应税收益项目	
（6）业务招待费		（1）少计应税收益	
（7）公益救济性捐赠		（2）未计应税收益	
（8）提取折旧费		（3）收回坏账损失	
（9）无形资产摊销		三、纳税调整减少额	
（10）广告费		1.联营企业分回利润	
（11）业务宣传费		2.境外收益	
（12）管理费		3.管理费	
（13）其他		4.其他	
2.不允许扣除项目		四、调整后应纳税所得额	
（1）资本性支出			
（2）无形资产受让开发支出		适用税率	
（3）违法经营罚款和被没收财物损失		五、本期应纳所得税额	

参考文献 REFERENCES

[1] 黄昌勇. 双重会计实习[M]. 上海:立新会计出版社,2004.

[2] 明德新,刘国成. 企业会计基础工作实务[M]. 北京:民主与建设出版社,2004.

[3] 企业会计准则编审委员会. 企业会计准则:应用指南[M]. 上海:立新会计出版社,2006.

[4] 刘血清,张雅君. 会计模拟实训[M]. 北京:中国财政经济出版社,2002.

[5] 黄明. 会计模拟实验教程[M]. 大连:东北财经大学出版社,2000.

[6] 许长华,张立国. 会计模拟实习[M]. 北京:高等教育出版社,2002.

[7] 钟敏. 会计实训教程[M]. 重庆:重庆大学出版社,2002.

[8] 周兴荣. 搞好会计实务模拟训练是深化会计教学改革的重要环节[J]. 石家庄经济学院学报,1998,21(12):103-106.

[9] 周兴荣. 会计实务模拟的实践价值[J]. 经济论坛,2002,14(7):62.

[10] 周兴荣. 会计实务模拟理论系统研究[J]. 财务与会计导刊,2002,11(11):44-47.

[11] 周兴荣. 完善会计实务模拟理论,推动会计教学方法改革[J]. 会计之友,2007,1(1):88-90.